El manual del ministro

VERSIÓN REINA-VALERA 1960

Recursos valiosos para el desempeño ministerial de hoy

Grupo Nelson
Una división de Thomas Nelson Publishers
Desde 1798

NASHVILLE DALLAS MÉXICO DF. RÍO DE JANEIRO BEIJING

© 2009 por Grupo Nelson®
Publicado en Nashville, Tennessee, Estados Unidos de América.
Grupo Nelson, Inc. es una subsidiaria que pertenece
completamente a Thomas Nelson, Inc.
Grupo Nelson es una marca registrada de Thomas Nelson, Inc.
www.gruponelson.com

Título en inglés: *Nelson's Minister's Manual*
© 2003 por Thomas Nelson, Inc.
Publicado por Thomas Nelson, Inc.

Todos los derechos reservados. Ninguna porción de este libro podrá
ser reproducida, almacenada en algún sistema de recuperación, o
transmitida en cualquier forma o por cualquier medio —mecánicos,
fotocopias, grabación u otro— excepto por citas breves en revistas
impresas, sin la autorización previa por escrito de la editorial.

A menos que se especifique lo contrario, las citas bíblicas usadas
son de la Santa Biblia, Versión Reina-Valera 1960
© 1960 por Sociedades Bíblicas en América Latina,
© renovado 1988 por Sociedades Bíblicas Unidas.
Usadas con permiso.

Traducción: *Pedro Cruz*
Adaptación del diseño al español: *Grupo Nivel Uno, Inc.*

ISBN: 978-1-60255-167-1

Impreso en Estados Unidos de América

12 QW 9 8 7 6 5 4 3

Contenido

Colaboradores v
Prefacio del editor vii

Bodas
- Asuntos a tratar en la consejería prematrimonial 3
- Formulario para el registro de bodas 12
- Ejemplo de una ceremonia nupcial formal 13
- Ejemplo de una ceremonia nupcial informal 22
- Sermón nupcial general 27
- Sermón para segundas nupcias 30
- Sermón nupcial: Informal o en el hogar 34
- Ceremonia de renovación de votos matrimoniales 38
- Escrituras tradicionales para bodas 46
- Himnos favoritos para bodas 54

Funerales
- Formulario para el registro de funerales 57
- Ejemplo de un servicio fúnebre 59
- Sermón fúnebre: General 63
- Sermón fúnebre: Niño o joven 67
- Sermón fúnebre: Víctima de accidente 72
- Sermón fúnebre: Víctima de suicidio 76
- Sermón fúnebre para alguien que no es cristiano 80
- Servicio de entrega en el cementerio 85
- Servicio memorial 98
- Escrituras fúnebres tradicionales 102
- Himnos fúnebres tradicionales 109

Dedicaciones
- Dedicación de un niño o infante 113
- Servicio de confirmación 121
- Dedicación de un edificio 125
- Dedicación de un hogar 132
- Servicio de colocación de la piedra fundamental 135
- Servicio de instalación o consagración 139

- Ordenación de ministros.. 146
- Ordenación de diáconos 155

El bautismo y la Cena del Señor
- Servicio de bautismo para adultos y niños profesantes 163
- Sermón de bautismo 170
- Cómo administrar la Cena del Señor 174
- Servicio de Cena ágape 180
- Sermón de la Cena del Señor 186

Adoración
- Hoja de trabajo para diseñar el culto de adoración 193
- Invocaciones... 195
- Oraciones para el ofertorio 197
- Bendiciones... 199
- Calendario eclesiástico.. 203

Cuidado pastoral
- Hoja de revisión de visitas a hospitales 213
- Hoja de revisión de visitas a un hogar 214
- Versículos tradicionales para compartir
  con los enfermos o moribundos... 215
  - A los creyentes enfermos 215
  - A los enfermos que no son creyentes 220
  - Al moribundo o doliente 222
- El camino romano hacia la salvación 226
- Un plan alterno para testificar 228

Invitaciones
- Invitaciones a la salvación 243
- Invitación a la renovación de su compromiso 244
- Invitación a la membresía de la iglesia 244
- Invitación a expresarle las preocupaciones al pastor 245
- Invitación al altar de oración... 246
- Invitación para dedicarse al servicio cristiano 246

Colaboradores

Jerry Carraway
Ministro de música de Donelson Fellowship, Nashville, TN

>Himnos favoritos para bodas
>Himnos fúnebres tradicionales
>Hoja de trabajo para diseñar el culto de adoración

Rev. Mark Hollis
Escritor independiente; fue ministro durante quince años

>Asuntos a tratar en la consejería prematrimonial
>Ceremonia de renovación de votos matrimoniales
>Servicio de entrega en el cementerio

Dr. William H. Jones
Miembro de la facultad, Columbia Internacional University, Columbia, South Carolina; presidente de Crossover Communications Internacional

>Un plan alterno para testificar

Rev. Todd Kinde
Pastor de Grace Bible Church, Grandville, Michigan

>Cómo administrar la Cena del Señor
>Ejemplo de una ceremonia nupcial formal
>Sermón de bautismo
>Sermón para segundas nupcias
>Servicio de bautismo para adultos y niños profesantes
>Servicio de Cena ágape

Rev. Robert J. Morgan
Escritor, pastor de Donelson Fellowship, Nashville, TN

>Invitaciones (toda la sección)

Sermón fúnebre: Víctima de accidente
Sermón nupcial general
Sermón nupcial: Informal o en el hogar

Rev. Richard Sharpe
Presidente y director de Small Church Ministries, Christian Home Crusade

Dedicación de un niño o infante
Sermón de Cena del Señor
Sermón fúnebre: Niño o joven
Sermón fúnebre: Víctima de suicidio
Sermón fúnebre para alguien que no es cristiano

Dr. Charles A. Thigpen
Director de promociones, Tennessee State Association of Free Will Baptists

Hoja de revisión de visitas a un hogar
Hoja de revisión de visitas a hospitales
Versículos tradicionales para compartir con los enfermos o moribundos

Dr. Melvin Worthington
Secretario ejecutivo, National Association of Free Will Baptists

Dedicación de un edificio
Dedicación de un hogar
Ejemplo de un servicio fúnebre
Ejemplo de una ceremonia nupcial informal
Ordenación de diáconos
Ordenación de ministros
Servicio de colocación de la piedra fundamental
Servicio de instalación o consagración

Todo el trabajo adicional es resultado de las investigaciones y ministerio del editor general, Joshua D. Rowe. Gracias especiales a mi esposa Grace, por todo su apoyo y paciencia.

Prefacio del editor

La gente se ha reunido y los miembros de la familia y los amigos se han sentado en las filas bien ordenadas, murmullando suavemente. Hombres y mujeres jóvenes toman su lugar al frente, vestidos con ropas acordes con la ocasión. La fanfarria del órgano anuncia la llegada de una figura vestida de blanco. Se escucha un susurro en todo el salón y todos esperan oír las primeras palabras del ministro:

«Amados, nos hemos reunido en la presencia de Dios…»

Las palabras son familiares —y de alguna manera reconfortantes— pero, ¿cómo sabe el ministro lo que debe decir en una situación como esta?

Las bodas no ocurren todos los días, pero son definitivamente parte de la rutina profesional de cada ministro. De igual manera ocurren los funerales, con demasiada frecuencia. Las visitas a los enfermos y moribundos en los hospitales, la dedicación de infantes, la ordenación de diáconos, los servicios de Cena del Señor, esos y muchos otros eventos son parte regular de la rutina de los ministros. El *Manual del ministro de Nelson* ha sido diseñado a fin de ofrecer material renovado y al día para ayudar en la planificación de servicios y la presentación de sermones apropiados.

Por supuesto, todas las bodas no son iguales. Algunas son muy elaboradas, con flores y velas y «todos los detalles». Otras son muy sencillas, ejecutadas frente a un pequeño grupo de miembros de la familia en un hogar. También el ministro expresará las palabras de otra forma si está enfrentado a una pareja de mediana edad que está renovando los votos matrimoniales en vez de una pareja joven que está comenzando una nueva vida juntos. En este manual usted encontrará ayuda para cada una de esas situaciones.

Los funerales también requieren procedimientos diferentes, dependiendo de las circunstancias. En esta obra encontrará cinco ejemplos de sermones, cada uno apropiado para hablar ante diferentes necesidades. Lo mismo ocurre con las sugerencias para servicios en el cementerio, de acuerdo a la persona que vaya ser sepultada, si era creyente o no lo era, y dependiendo si se trata de otro servicio en el cementerio o reemplaza al servicio tradicional.

Se ha recolectado un caudal de Escrituras tradicionales para que usted pueda usarlas en bodas, funerales y secciones de cuidado pastoral. Se han sugerido himnos para todas las secciones, incluyendo bodas y funerales.

Usted encontrará mucho, mucho más en este libro —tanto que creemos que querrá tener al menos dos ejemplares—, uno para su escritorio y otro en la guantera de su automóvil. Tómese un tiempo para descubrir el tesoro de ayudas útiles que este manual pone al alcance de su mano.

Bodas

Asuntos a tratar en la consejería prematrimonial

Rev. Mark Hollis, M.A.

La siguiente es una guía y un bosquejo de seis sesiones de consejería prematrimonial. No obstante, no se trata de una herramienta exhaustiva con la que el ministro se convertirá en consejero. Antes de que el ministro intente aconsejar a cualquier pareja, debe invertir un tiempo sustancial en estudiar, en observar la consejería cristiana profesional y meditar en el asunto con mucha oración; esta es una responsabilidad que no se puede tomar a la ligera.

Use estos seis temas para que le guíen en la recolección de recursos para el ministerio de la consejería prematrimonial. Usted querrá aprovechar el uso de un inventario de personalidad para emplearlo con las parejas que se preparan para el matrimonio.

Temas para la consejería prematrimonial
Introducción y fe
Asuntos de personalidad, expectativas y roles
Asuntos de familia
Comunicación y manejo de conflictos
Finanzas
Sexo

Cuando se pongan en contacto con usted, pídale a la pareja que complete este formulario. Provea un sobre predirigido para que la pareja se los devuelva.

¡Así que quieren casarse! Algunas cosas que debe saber:

Se espera que complete por lo menos seis sesiones de preparación prematrimonial.

Se espera que usted asista al servicio de adoración de nuestra iglesia desde que se inicia la consejería hasta pasado el primer mes de su matrimonio. La excepción será solamente para las parejas que viven fuera de la ciudad y que están asistiendo a otra iglesia durante la preparación para la boda.

Se espera que usted complete todas las asignaciones de cada sesión.

Por favor, complete la siguiente información:

Nombre de la novia: Edad:

Nombre del novio: Edad:

¿Está la mujer embarazada?

¿Se han casado antes?

Novia:

Novio:

¿Tienen hijos de esta o de una relación anterior?

Novia:

Novio:

¿Por qué se quieren casar ahora?

Novia:

Novio:

Complete este formulario y devuélvalo en el sobre provisto la semana anterior a nuestra primera reunión.

Primera sesión: Introducción y fe. Objetivo: Conocer a la pareja y motivarla a centrar su matrimonio en Jesucristo.

Procedimiento

1. Pídale a la pareja que le cuente la historia de su noviazgo:

    ¿Cómo se conocieron?
    ¿Por qué se vienen a casar ahora?

2. ¿Cuál ha sido la reacción de sus familias y amigos ante sus planes para casarse?

3. Explíquele a la pareja el plan de salvación urgiéndoles para que establezcan una relación personal con Cristo. Si ambos son creyentes, motíveles a crecer en la fe y a centrar su matrimonio en Cristo.

4. Trate cualquier asunto que surja del formulario anterior. Haga saber a la pareja si usted no podrá celebrar su matrimonio. Si tiene reservas, este es el momento de expresarlas.

Asignación: *Lista de opuestos* (Compile una lista de características en las que usted y su pareja son diferentes. «Él es un búho nocturno, mientras que ella es una persona mañanera», etc.)

Segunda sesión: Asuntos de personalidad, expectativas y roles. Objetivo: Dirigir a la pareja a que tengan un mayor entendimiento en cuanto a cómo las diferencias de personalidad pueden fortalecer o crear dificultades y facilitar futuras discusiones acerca de expectativas y roles.

Procedimiento

1. Pida a cada uno para que separadamente hagan una lista de diez razones por las que aman a su pareja. Haga que cada uno lea su lista mirándole la cara al otro y diciendo: «Te amo porque...»

2. Revise la *lista de opuestos*. Pídale que identifiquen cinco áreas en las que las diferencias podrían crear conflictos así como otras cinco en que las diferencias podrían ser una fuente de fortaleza.

3. Pida a la pareja que hagan listas separadas acerca de las expectativas que tienen del otro en el matrimonio. («Espero que sea ella quien tenga la iniciativa con el sexo»; «Espero que él tenga la responsabilidad de pagar las facturas».) Haga que intercambien las listas y marquen con un cruz (+) las cosas que les parezcan más fáciles de aceptar, y con un guión (−) aquellas que les parezcan más difíciles, y con un signo de interrogación (?) aquellas de las que dudan.

4. «¿Cuál de las siguientes descripciones detallan mejor las relaciones del hogar en que creció?» «¿Cuáles espera usted que describan su propio hogar?» Explique que no importan nuestros mejores planes, con frecuencia revertimos las conductas con las que crecimos en nuestro hogar:

   Marido dominante con esposa sumisa: Él dirige. Ella le sigue.

   Esposa dominante con esposo conformista: Ella solo deja que él piense que tiene el control.

Liderazgo del marido con la voluntad de la esposa: Ella provee su opinión, pero él tiene la última palabra.

Roles iguales: Las decisiones se toman en conjunto o no se toman.

Tercera sesión: Familia de origen y asuntos familiares. Objetivo: Guiar a la pareja a un mayor entendimiento acerca de cómo la familia de origen puede afectar la forma en que nos relacionamos uno con otro y ayudarlos a que tengan un buen comienzo al lidiar con las relaciones de la familia extendida.

Procedimiento

1. Lea Génesis 2.24. Pida que cada uno explique lo que entienda sobre el significado de las palabras «dejará» y «unirá».

2. Pida que ella describa su relación con sus padres. Pregúntele a él: «¿Cómo podría afectar, la relación de ella con sus padres, a la suya?» Pregúntele a ella, «¿Cómo podría afectar la relación de él con su madre a la suya?»

    Pida que cada uno indique cuáles de las siguientes declaraciones describen mejor su familia de origen:

    «En nuestra casa papá o mamá tenían la comida lista la mayor parte del tiempo y generalmente comíamos juntos como familia».

    «En nuestra casa mamá servía la cena a la misma hora cada día y se esperaba que todos estuvieran ahí».

    «En nuestra casa comíamos unas veces juntos y otras no».

«En nuestra casa cada uno resolvía a su manera a la hora de la comida».

3. «¿Cómo podría —la familia en que crecimos— afectar nuestra manera de relacionarnos uno con otro?»

Asignación: *Comience bien.* (Antes de la próxima sesión escriba una carta dándoles gracias a sus futuros suegros por ayudar a su pareja a ser lo que él o ella es hoy. Dígales que espera anhelante tenerles como sus suegros. Envíela por correo antes de la próxima sesión.)

Cuarta sesión: Comunicación y solución de conflictos. Objetivo: Dirigir a la pareja a que establezcan guías para una buena comunicación y una estrategia para lidiar con los conflictos.

Procedimiento

1. Mantenga escondido un modelo que haya hecho con bloques de construcción infantiles mientras hace que la pareja se siente espalda con espalda. Entréguele al hombre el modelo que hizo con los bloques y a la mujer las piezas apropiadas para duplicarlo. La mujer no debe ver el modelo ni hablar mientras el hombre le da las instrucciones para duplicarlo. Permita cinco minutos para construir. Cambie las sillas de posición y hablen acercan de la futilidad de la comunicación de una sola dirección.

2. Pídale a la pareja que lea Santiago 4.1-3. ¿Cuál es la raíz de la mayoría de los conflictos maritales? (Los deseos egoístas.)

¿Qué instrucciones nos da Santiago 1.19 para resolver y evitar conflictos?

3. Comparta los siguientes cinco principios para resolver conflictos en el matrimonio:

   1. Escuche: En vez de exigir que le escuchen, oiga cuidadosamente a la otra persona (véanse Proverbios 18.13 y Santiago 1.19).
   2. Seleccione: Seleccione un tiempo apropiado (Efesios 4.26).
   3. Defina: ¿Cómo define el problema? ¿Cómo define su pareja el problema?
   4. Discuta: Defina las áreas de acuerdo y de desacuerdo en el conflicto.
   5. Identifique: Identifique su propia contribución al problema. Reconocer su aporte llevará a una más pronta solución.

Asignación: *Usted puede tenerlo todo.* (Imagínese que ha cargado $1,000.00 a su nueva tarjeta de crédito a un interés anual de 18%. ¿Cuánto tiempo tardará en pagarlo si solo hace un pago mínimo de $20.00 al mes? La fórmula es el balance mensual + 1.5% cada mes - $20.00, luego repita lo mismo por cada mes subsiguiente.)

Presupuesto familiar. (Prepare un presupuesto familiar para revisarlo en la próxima sesión.)

Quinta sesión: Finanzas. Objetivo: Llevar a la pareja a entender los principios de la Escritura para el manejo de las finanzas y para desarrollar e implementar un presupuesto familiar.

Procedimiento

1. Revisar los principios básicos para el manejo de las finanzas:

    Salmo 24.1. Todo le pertenece a Dios.
    Lucas 21.1-4. Se espera la generosidad hacia Dios.
    Romanos 13.8. Pague sus deudas, especialmente la del amor.

2. Pídale a la pareja una lista separada, en orden, de las diez prioridades más importantes de su hogar (alimentos, seguros, pagos de la casa, donaciones a la iglesia, pagos del carro, etc.) Revise y compare las diferencias en las listas.

3. Revise las propuestas de presupuesto familiar.

Sexta sesión: Las relaciones sexuales. La pareja debe aprovechar alguno de los excelentes manuales para guiar a las parejas cristianas a desarrollar una relación sexual saludable.

Objetivo: Guiar a la pareja a entender el fundamento escritural de las relaciones sexuales e iniciar una conversación franca y saludable al respecto.

Procedimiento

1. Pídale a la pareja que conteste las siguientes preguntas:

    ¿Dónde aprendió sus ideas acerca del sexo?

    ¿Cuál era la actitud hacia el sexo en su hogar?

    ¿Cómo podría afectar —la actitud hacia el sexo en su hogar— a sus relaciones sexuales en el matrimonio?

2. Lea 1 Corintios 7.1-11.

    ¿Por qué es bueno el matrimonio? (vv. 1-2)

    ¿Qué responsabilidad tiene cada miembro de la pareja con el otro? (vv. 3-4)

    ¿Por qué debe ser la abstinencia solo por un tiempo acordado? (vv. 4-5)

3. Sugerencias para un ajuste sexual saludable:

    Los hombres se estimulan visualmente mientras que las mujeres necesitan afecto.

    El impulso de uno puede superar al del otro, entonces es apropiado darse uno al otro.

    Hablen de lo que les gusta y lo que no les gusta.

    Proteja la relación y manténgala reservada.

    Los libros sexualmente explícitos, las revistas y las películas no ayudan, más bien dañan la relación sexual.

4. Ofrezca cualquier otro consejo que le parezca, o trate cualquier otro asunto y termine con una oración.

Formulario para el registro de bodas

Fecha de la boda:_____ _____

Lugar de la boda: _____

_____

Novia: _____

   Afiliación religiosa: _____

   Padres de la novia:_____

Novio: _____

   Afiliación religiosa: _____

   Padres del novio:_____

Ceremonia planificada por el ministro:_____ Por la pareja:__

Otro(s) ministro(s) asistente(s):_____

Dama de honor:_____

Caballero de honor:_____

Planificador de la boda: _____

Fecha de ensayo: _____

Recepción para todas las visitas:_____

Solo por invitación: _____

Lugar de la recepción: _____

Fotografías se tomarán: _____ Durante la ceremonia

                              _____ Después de la ceremonia

Fecha(s) para consejería:_____

Fecha de registro: _____

Ejemplo de una ceremonia nupcial formal

Rev. Todd Kinde

Orden del servicio de un ejemplo de una ceremonia nupcial formal

Tomar asiento

Preludio musical

Procesión

Llamado a la adoración

Invocación

Encargo

Entrega de la novia

Declaración de intención

Subir a la plataforma

Lectura bíblica

Solista

Homilía

Votos

Ceremonia de anillos

Encendido de las velas de la unidad

Declaración

Pronunciamiento

Oración

Besos

Presentación

Receso

Despedida

Firma de la licencia

Limpieza

Recepción

Fotografías

Un ejemplo detallado de una ceremonia nupcial formal

Tomar asiento: *Invierta un tiempo con los ujieres durante el ensayo para darles instrucciones. Tradicionalmente la familia de la novia se sienta al lado izquierdo del santuario y la familia del novio al lado derecho del santuario. Mientras los ujieres escoltan a las damas hacia sus asientos deben caminar al lado derecho de ellas, con la mano izquierda del ujier doblada para sostener la mano derecha de la dama. Los ujieres deben caminar a paso más lento de lo usual para acomodarse a los zapatos de tacón alto y vestidos ondulantes.*

Preludio musical: *Mientras la congregación se acomoda debe tocarse música nupcial apropiada.*

Procesión: *El pastor se pone en posición en el centro de la parte baja de la plataforma.*

Los ujieres sientan primero a las madres; música que podría usarse durante el acomodo de las madres podría ser Glorioso Cristo, Münster Gesangbuch, 1677, Schlesische Volkslieder, 1842.

Luego viene el acomodo de la comitiva nupcial. Los caballeros del novio y las damas de la novia pueden entrar juntos o los caballeros del novio pueden colocarse en la plataforma entrando por un lado del salón mientras las damas de la novia entran por el pasillo central.

Finalmente, la novia viene por el pasillo; la música tradicional que se usa es la Marcha Nupcial, *pero también podría ser una canción apropiada escogida por los novios. El padre u otro representante de la familia la escoltará. La gente debe estar de pie mientras la novia hace su entrada.*

Llamado a la adoración: Nos hemos congregado en este lugar para adorar a Dios y para ser testigos de los votos matrimoniales de *Nombre completo del novio* y *nombre completo de la novia.*

Que tu luz alumbre ante la gente de tal manera que puedan ver tus grandes obras y den gloria a tu Padre que está en el cielo.

Invocación: Dios Trino y viviente, venimos a pedir tu gracia. Que esta ceremonia sea placentera ante tu presencia y que nos traiga tu bendición. Amén.

Encargo: Queridos hermanos, nos hemos reunido ante la presencia de Dios para unir a este hombre y esta mujer en santo matrimonio. Este es un estado honorable, instituido por Dios, que simboliza la unión mística que existe entre Cristo y su iglesia, estado que fue adornado y hermoseado con Su presencia y primer milagro en Caná de Galilea. Es ordenado por las Escrituras para ser honorable ante todos, por lo tanto no se debe entrar al mismo inconsideradamente, sino reverente, discreta, considerada y solemnemente, en el temor del Señor. En este estado santo estas dos personas presentes vienen para ser unidas.

Entrega de la novia

Pastor: ¿Quién entrega a esta mujer para ser casada con este hombre?

Padre: Su madre y yo.

Si los padres no están entregando la novia se puede usar otra frase como:

Su madre y nuestra familia.

Su familia.

Entonces la congregación se sienta.

Declaración de intención: *Nombre completo del novio,* ¿tomas a *Nombre completo de la novia* para ser tu esposa, para vivir juntos según la ordenanza de Dios en el estado santo del matrimonio? ¿La amarás, la confortarás, la honrarás y protegerás, en enfermedad y en salud, y rechazando todas las otras, te mantendrás solo para ella mientras los dos vivieren? Por favor, responda: «Lo haré».

El novio dice: Lo haré.

Nombre completo de la novia, ¿tomas a *Nombre completo del novio* para ser tu esposo, para vivir juntos según la santa ordenanza de Dios en el estado sagrado del matrimonio? ¿Lo amarás, lo confortarás, lo honrarás y protegerás, en enfermedad y en salud, y rechazando a todos los otros, te mantendrás solo para él mientras los dos vivieren? Por favor, responda: «Lo haré».

La novia dice: Lo haré.

Ahora la comitiva nupcial sube a la plataforma.

Lectura de la Escritura: *Puede ser una porción que sea significativa para la pareja que contraerá matrimonio o una que se haya usado como base para la consejería prematrimonial.*

Por lo tanto, como escogidos de Dios, santos y amados, revístanse de afecto entrañable y de bondad, humildad, amabilidad y paciencia, de modo que se toleren unos a otros y se perdonen si alguno tiene queja contra otro. Así como el Señor los perdonó, perdonen también ustedes. Por encima de todo, vístanse de amor, que es el vínculo perfecto.

Que gobierne en sus corazones la paz de Cristo, a la cual fueron llamados en un solo cuerpo. Y sean agradecidos. Que habite en ustedes la palabra de Cristo con toda su riqueza: instrúyanse y aconséjense unos a otros con toda sabiduría; canten salmos, himnos y canciones espirituales a Dios, con gratitud de corazón (Colosenses 3.12-16).

Solo musical: *El solo debe ser relevante y significativo para los novios; considerando que la comitiva nupcial estará de pie, la canción no debe durar más de dos o tres minutos.*

Homilía

Votos: *El ministro coloca la mano de la novia en la mano derecha del novio y le pide al novio que repita lo siguiente:*

Yo, *Primer nombre del novio*, te tomo a ti, *Primer nombre de la novia*, para que seas mi esposa, para tenerte y mantenerte de este día en adelante, para bien o para mal, en riqueza o en pobreza, en enfermedad y en salud, para amarte y protegerte, hasta que la muerte nos separe, de acuerdo a la santa ordenanza de Dios; y para esto te empeño mi fe.

El novio suelta la mano de la novia, y la novia toma la mano derecha del novio y repite lo siguiente:

Yo, *Primer nombre de la novia*, te tomo a ti, *Primer nombre del novio*, para que seas mi esposo, para tenerte y mantenerte de este día en adelante, para bien o para mal, en riqueza o en pobreza, en enfermedad y en salud, para amarte y protegerte, hasta que la muerte nos separe, de acuerdo a la santa ordenanza de Dios; y para esto te empeño mi fe.

Ceremonia de los anillos: Como prenda de este pacto, ustedes van a intercambiar sus anillos de boda. El círculo ininterrumpido, emblema de eternidad, y el oro, emblema de aquello que menos se mancha y más perdura, muestran cuán duradero es el pacto que se ha hecho uno al otro.

La novia entrega el ramo de flores a la dama de honor. La dama de honor entrega el anillo a la novia mientras el caballero de honor entrega el anillo al novio. Los novios pondrán los anillos en la Biblia del ministro. El ministro orará:

Bendice, Oh Dios, estos anillos que *Primer nombre del novio* y *Primer nombre de la novia* comenzarán a usar para que tu paz sea con ellos y continúen en tu favor hasta el final de sus vidas, en el nombre de Jesús nuestro Señor. Amén.

La novia entrega el anillo al novio. El novio lo colocará en el tercer dedo de la mano izquierda de la novia. Sosteniéndolo ahí, repetirá las palabras del ministro:

Con este anillo te desposo, en el nombre del Padre, del Hijo y del Espíritu Santo. Amén.

El novio entrega el anillo a la novia. La novia lo colocará en el tercer dedo de la mano izquierda del novio. Sosteniéndolo ahí, repetirá las palabras del ministro:

Con este anillo te desposo, en el nombre del Padre, del Hijo y del Espíritu Santo. Amén.

Encendido de las velas de la unidad: *Los novios se acercan a las velas de la unidad para encenderlas juntos. La dama de honor se asegura de que el manto del traje de la novia esté siempre detrás de esta. La pareja se arrodillará para orar. Durante este tiempo de reflexión y oración se puede tener una pieza musical o un solo. Cuando se haya completado la oración la pareja vuelve a la posición original frente al ministro. Otra vez la dama de honor se asegura de que el traje de la novia esté en orden.*

Declaración: *El ministro juntará la mano derecha de los novios y dirá:*

Lo que Dios ha juntado nadie lo separe.

Pronunciamiento: Por cuanto *Primer nombre del novio* y *Primer nombre de la novia* han consentido juntarse en santo matrimonio, y lo han testificado ante Dios y esta congregación, y al hacerlo se han dado y entregado su voto de pacto uno al otro, y lo han declarado dando y recibiendo los anillos, yo los declaro marido y mujer, en el nombre del Padre, del Hijo y del espíritu Santo. Amén.

Oración: Oh, Dios, que has consagrado el estado del casamiento que representa el matrimonio espiritual y la unidad que existe entre Cristo y su iglesia: Mira con ojos de misericordia a tus siervos. Que se amen, honren y se cuiden uno al otro, para que vivan juntos en fidelidad, paciencia, en sabiduría y verdadera santidad, que su hogar sea un refugio de bendición y paz. Oramos así en el nombre de nuestro Señor Jesucristo, que vive y reina contigo y el Espíritu Santo, un solo Dios, por la eternidad. Amén.

El beso: ¡Puede besar a la novia!

Presentación: ¡Les presento al señor y la señora *Nombre completo del novio!*

Receso: *Los novios salen por el pasillo central con un paso ligero y alegre. Tradicionalmente se toca la* Marcha nupcial. *La comitiva nupcial le sigue.*

Despedida y línea de recibimiento: *Los ujieres pueden despedir a la gente comenzando con la familia de la novia y la del novio al frente. El resto de los invitados saldrán alternando fila por fila de cada lado. Los ujieres deben observar la línea de recibimiento de los recién casados y esperar para despedir otra fila si ya la línea es muy larga.*

Algunas parejas prefieren reentrar al santuario para despedir personalmente a los invitados mientras a la misma vez los saludan.

En cada procedimiento el tiempo de felicitación es frecuentemente más largo que la ceremonia en sí misma.

Firma de la licencia: *Para firmar la licencia matrimonial los dos testigos deben juntarse uno al lado de la novia y otro al lado del novio. A algunas parejas les gusta tener fotografías del momento de las firmas y lucir una pluma especial que guardarán como recuerdo. El ministro es responsable de firmar la licencia y asegurarse de que sea llevada a las autoridades civiles apropiadas para su registro. Asegúrese de leer las instrucciones específicas de la ciudad, el condado o el estado.*

Limpieza

Recepción: *Tradicionalmente el ministro es invitado a la recepción y debe asistir hasta donde sea posible.*

Fotografías: *Las fotos de la boda pueden ser tomadas antes o después de la ceremonia. Algunas veces pueden ser tomadas antes, después y aun durante la ceremonia misma.*

Ejemplo de una ceremonia nupcial informal

Dr. Melvin Worthington

Orden del servicio de un ejemplo de una ceremonia nupcial informal

Preludio

Solos

Entrada de las madres

Entrada de la comitiva nupcial

La ceremonia

Oración

Solo

Declaración de votos

Intercambio de anillos

Oración

Ceremonia de las velas

Presentación de los novios

Recepción

Un ejemplo detallado de una ceremonia nupcial informal

Preludio: *Mientras la congregación se acomoda se debe tocar música nupcial apropiada. Si la boda se está celebrando en la oficina del pastor o en el hogar, la música podría no ser necesaria o se puede tocar de alguna grabación.*

Solos: *En este punto se presenta la música especial.*

Entrada de las madres: *En este punto los ujieres sentarán a las madres. Se puede usar música especial escogida por los novios.*

Entrada de la comitiva nupcial: *La música que se puede usar durante la entrada de la comitiva nupcial incluye* Trompeta voluntaria (Marcha del Príncipe de Dinamarca) *y la* Marcha nupcial.

La ceremonia: *Cuando los contrayentes se hayan presentado ante el ministro la ceremonia puede comenzar. El ministro dirá:*

Amigos y miembros de la familia, tenemos el placer de ver a estas dos personas presentarse ante Dios y estos testigos con el propósito de ser unidos con los lazos santos del matrimonio. Por tanto, si alguien puede mostrar una causa justificada por la que estas personas no se puedan unir legalmente como marido y mujer, hable ahora o calle para siempre.

El matrimonio es una institución divina, permanente, distintiva, diseñada y dirigida por Dios Todopoderoso, dada al ser humano es un estado de inocencia y felicidad. Escuche la narración divina del primer matrimonio de la historia humana, *Y dijo Jehová Dios: No es bueno que el hombre esté solo; le haré ayuda idónea para él. Jehová Dios formó, pues, de la tierra toda bestia del campo, y toda ave de los cielos, y las trajo a Adán para que viese cómo las había de llamar; y todo lo que Adán llamó a los animales vivientes, ese es su nombre. Y puso Adán nombre a toda bestia y ave de los cielos y a todo ganado del campo; mas para Adán no se halló ayuda idónea para él. Entonces Jehová Dios hizo caer sueño profundo sobre Adán, y mientras éste dormía, tomó una de sus costillas, y cerró la carne en su lugar. Y de la costilla que Jehová Dios tomó del hombre, hizo una mujer, y la trajo al hombre. Dijo entonces Adán: Esto es ahora hueso de mis huesos y carne de mi carne; ésta será llamada Varona, porque del varón fue tomada. Por tanto, dejará el hombre a su padre y a su madre, y se unirá a su mujer, y serán una sola carne. Y estaban ambos desnudos, Adán y su mujer, y no se avergonzaban* (Génesis 2.18-25).

Dios provee direcciones y regulaciones específicas que gobiernan el estado del matrimonio. Pablo trató esto cuando dijo: *Las casadas estén sujetas a sus propios maridos, como al Señor; porque el marido es cabeza de la mujer, así como Cristo es cabeza de la iglesia, la cual es su cuerpo, y él es su Salvador. Así que, como la iglesia está sujeta a Cristo, así también las casadas lo estén a sus maridos en todo. Maridos, amad a vuestras mujeres, así como Cristo amó a la iglesia, y se entregó a sí mismo por ella, para santificarla, habiéndola purificado en el lavamiento del agua por la palabra, a fin de presentársela a sí mismo, una iglesia gloriosa, que no tuviese mancha ni arruga ni cosa semejante, sino que fuese santa y sin mancha. Así también los maridos deben amar a sus mujeres como a sus mismos cuerpos. El que ama a su mujer, a sí mismo se ama. Porque nadie aborreció jamás a su propia carne, sino que la sustenta y la cuida, como también Cristo a la iglesia, porque somos miembros de su cuerpo, de su carne y de sus huesos. Por esto dejará el hombre a su padre y a su madre, y se unirá a su mujer, y los dos serán una sola carne. Grande es este misterio; mas yo digo esto respecto de Cristo y de la iglesia. Por lo demás, cada uno de vosotros ame también a su mujer como a sí mismo; y la mujer respete a su marido* (Efesios 5.22-33).

Oración: Señor, te pedimos que te glorifiques en este servicio, en el nombre y por los méritos de Jesús, amén.

Solo: *Después de la oración del ministro, un solista podría entonar una canción apropiada.*

Declaración de votos

Ministro: Ahora, si cada uno de ustedes ha puesto toda su confianza en el otro, están listos para aceptarse uno al otro como marido y mujer para forjar juntos esta jornada vital de modo que reconozcan esta decisión de sus corazones tomándose de sus *manos derechas.*

«¿Prometes tú, _____, tomar a _____, cuya mano sostienes, para que sea tu verdadera y legítima esposa, para amarla, consolarla, en gozo o en dolor, en enfermedad y en salud, y rechazando a todas las otras conservarte solo para ella mientras los dos vivieren?»

Contestación: Sí, lo prometo.

Ministro: «¿Prometes tú, _____, tomar a _____, cuya mano sostienes, para que sea tu verdadero y legítimo esposo, para amarlo, consolarlo, en gozo o en dolor, en enfermedad y en salud, y rechazando a todos los otros conservarte solo para él mientras los dos vivieren?»

Contestación: Sí, lo prometo.

Ministro: Pueden soltar sus manos.

Intercambio de anillos: *El ministro le dirá a la pareja: ¿Qué presentan para el fiel cumplimiento de sus votos matrimoniales?*

Entonces el hombre o su asistente en el altar le entrega el anillo al ministro, que lo sostendrá para que sea visto y dirá:

«Este círculo de metal precioso es justamente considerado como un emblema apropiado de la pureza y perpetuidad del matrimonio. Los antiguos lo consideraban un círculo de eternidad, que no tiene principio ni fin; siendo el oro tan incorruptible que no se puede dañar con el uso ni con el tiempo. Así sea esta unión aquí solemnizada, incorruptible en su pureza y más duradera que el mismo tiempo».

Entonces el ministro le entrega el anillo al novio con las siguientes instrucciones: Diga su nombre y repita después de mí: «Con este anillo que te entrego, como prenda de mi amor, yo sello mis votos; y con todas mis posesiones terrenales te desposo, en el nombre del Padre, del Hijo y del Espíritu Santo. Amén».

Si es una ceremonia de doble anillo, la novia repetirá lo mismo que dijo el novio mientras pone el anillo en la mano del novio.

Oración: *La pareja se arrodilla y el solista entona la* Marcha nupcial *como una oración.*

Ceremonia de las velas: *Después del solo la pareja se pone de pie, toman la vela de la unidad encendida y la encienden significando que son uno en el matrimonio.*

Presentación del novio y la novia: *Después del encendido de la vela de la unidad el ministro presenta a la pareja ante la congregación:*

Ahora les presento al señor y la señora _____.

Recepción: *La comitiva nupcial sale dirigida por la pareja con música nupcial apropiada. Esta música puede incluir la* Marcha nupcial *o la* Canción de la alegría.

Sermón nupcial general

Rev. Robert J. Morgan

Dejar, unir y tejer

Queridos amigos, estamos juntos en esta hora dulce y sagrada para ser testigos de la unión de _____ y _____ en los lazos eternos del matrimonio. Esta, la más feliz y santa de las relaciones humanas, fue celebrada por primera vez en el huerto del Edén en la primavera de la historia del mundo. Dios vio que no era bueno que el hombre estuviera solo, así que creó a la mujer y se la entregó como compañera, como su esposa. Dios dijo: «Por tanto, dejará el hombre a su padre y a su madre, y se unirá a su mujer, y serán una sola carne».

Esta primera descripción del matrimonio nos da tres palabras para el establecimiento de un hogar. La primera es: Dejar. «Por tanto dejará el hombre a su padre y a su madre». Cuando un hombre y una mujer establecen un nuevo hogar, en cierto sentido están dejando sus viejos hogares. No lo hacen en términos de amor y comunicación. Pero lo dejan en términos de autoridad y prioridades. Desde hoy la más importante relación humana para ustedes es la que están estableciendo en este momento. La relación principal de sus vidas se ha movido de la paternal a la matrimonial, de padre y madre a esposo y esposa.

La segunda idea de Génesis 2.24 es: Unir. «Dejará el hombre a su padre y a su madre y se unirá a su mujer». La palabra «unirá» significa pegarse, como el pegamento, comprometerse y consagrarse uno al otro. Todo matrimonio pasa por tiempos de dificultades y retos. Es muy fácil que el amor se entibie y se enfríe.

La desilusión puede llegar al hogar como la niebla de la montaña. Es por eso que deben recordar que el divorcio nunca debe ser una opción, que los votos que han hecho ante Dios son santos y permanentes. Ustedes han decidido mantenerse juntos, unidos como el pegamento, aunque este sea grueso o delgado, aunque sea bueno o malo.

No sabemos lo que traerán los años, ni cómo se desarrollará la vida y el trabajo entre ustedes. Pero sea lo que sea que traigan las estaciones del tiempo, siempre tienen que mantener su postura, guardar su pureza, encontrar su lugar y alcanzar su propósito. *Háganlo todo sin murmuraciones y contiendas, para que seáis irreprensibles y sencillos, hijos de Dios sin mancha en medio de una generación maligna y perversa, en medio de la cual resplandecéis como luminares en el mundo (Filipenses 2.14-15).*

Pero esto nos lleva al tercer concepto de Génesis 2.24: Tejiendo. El versículo nos dice que la pareja dejará a sus padres, se unirán uno al otro y luego serán como uno. Ellos van a entretejer sus vidas en unidad. El matrimonio requiere desarrollar intereses comunes, pasar tiempos comunes, tener buena comunicación, pasar tiempo juntos, tener encuentros frecuentes y un amor creciente. Una boda se celebra en veinte minutos. La amistad requiere toda una vida para perfeccionarse.

En su matrimonio, «…os ruego que andéis como es digno de la vocación con que fuisteis llamados, con toda humildad y mansedumbre, soportándoos con paciencia los unos a los otros en amor, solícitos en guardar la unidad del Espíritu en el vínculo de la paz» (Efesios 4.1-3).

Y en su matrimonio, desechen «…la mentira, hablad verdad cada uno con su prójimo; porque somos miembros los unos de los otros. Airaos, pero no pequéis; no se ponga el sol sobre vuestro enojo, ni deis lugar al diablo … Ninguna palabra corrompida salga de vuestra boca, sino la que sea buena para la necesaria edificación, a fin de dar gracia a los oyentes» (Efesios 4.25-27, 29).

En su matrimonio, «Quítense de vosotros toda amargura, enojo, ira, gritería y maledicencia, y toda malicia. Antes sed benignos unos con otros, misericordiosos, perdonándoos unos a otros, como Dios también os perdonó a vosotros en Cristo» (Efesios 4.31-32).

En tres palabras, un matrimonio de acuerdo a la voluntad de Dios requiere dejar, unir y tejer.

Entonces, si ustedes _____ y _____, habiéndose escogido en oración, libre y deliberadamente, uno al otro para ser compañeros de la vida, por favor, unan sus manos derechas y oren conmigo:

Al tomar la mujer cuya mano estoy sosteniendo para que sea mi esposa, delante de Dios y de estos testigos, me comprometo a amarla y honrarla en esta relación; dejando a todas las otras para ser en todas las cosas un marido fiel y verdadero mientras los dos vivamos.

Al tomar al hombre cuya mano estoy sosteniendo para que sea mi esposo, delante de Dios y de estos testigos, me comprometo a amarlo y honrarlo en esta relación; dejando a todos los otros para ser en todas las cosas una esposa fiel y verdadera mientras los dos vivamos.

Así se dan el uno al otro en riqueza o en pobreza, en enfermedad o en salud y por la gracia de nuestro Señor Jesucristo.

Sermón para segundas nupcias
Rev. Todd Kinde

Escritura: Efesios 5.25-27

Maridos, amad a vuestras mujeres, así como Cristo amó a la iglesia, y se entregó a sí mismo por ella, para santificarla, habiéndola purificado en el lavamiento del agua por la palabra, a fin de presentársela a sí mismo, una iglesia gloriosa, que no tuviese mancha ni arruga ni cosa semejante, sino que fuese santa y sin mancha.

Introducción: Al reunirnos para esta ceremonia matrimonial debemos reconocer que venimos a una boda cristiana. No se parece a ninguna que celebre el mundo. Cierto, en lo externo parecen iguales. Sin embargo, el matrimonio cristiano es muy diferente. Su fundamento es Cristo, nuestro Señor. Con esta base establecida es que llegamos a entender la realidad del matrimonio. La verdad del amor de Cristo por su esposa, la iglesia, se debe reflejar en nuestras relaciones y situaciones diarias. Hoy venimos a honrar la relación del esposo y la esposa. El matrimonio es un pacto de amor y lealtad hecho entre dos personas. Estas dos personas comparecen ante nosotros para hacer ese pacto. Entran a esta relación con sus ojos bien abiertos, reconociendo el duro trabajo que demanda el comprometerse exclusivamente en amor y lealtad.

El matrimonio es ciertamente para nuestro placer, disfrute y compañerismo. Sin embargo, es una creación del Dios Trino viviente revelándose a sí mismo ante la humanidad. La unión entre un hombre y una mujer es más que sociológica o biológica. Es teológica. La intimidad que un hombre y una mujer comparten en el matrimonio es un ejemplo, una lección objetiva que nos enseña sobre la intimidad más grande de Cristo con su novia, la iglesia.

Entendiendo esa dinámica, Pablo usa la persona y obra de Cristo como el patrón para el matrimonio. El apóstol se dirige al esposo en el versículo 25, encargándole que ame a su esposa. De igual manera se dirige a la esposa en el versículo 33, encargándole que respete a su esposo. Vemos un intercambio mutuo entre esposo y esposa para amarse y respetarse uno al otro dentro del pacto del matrimonio. ¿Cuál es la naturaleza de este amor y respeto que ha sido renovado, redescubierto y reavivado hoy en los corazones de estas dos personas?

1. El amor da (Efesios 5.25). Así como Cristo amó a la iglesia y se dio a sí mismo por ella, así mismo se da el amor y el respeto dentro del matrimonio. Cristo amó de tal manera que se dio a sí mismo por la iglesia. Esta clase de amor es incondicional. Esta clase de amor ama para bien o para mal, en riqueza o en pobreza, en enfermedad o en salud. Este amor procura al que está sufrido y débil. Este amor da cuando la otra persona no puede hacerlo. Este amor se preocupa por complacer al otro.

Este amor no tiene ataduras. Este amor ha cedido todos sus derechos y fluye libremente en agraciada generosidad. Este amor da regalos especiales, no necesariamente muchos o caros, pero sí en pequeñas muestras de amor y respeto. Este amor se da sirviéndose uno al otro. Este amor se da dedicándose tiempo exclusivo para estar juntos. Este amor se da en el toque cariñoso. Este amor se da en palabras tiernas.

2. El amor limpia (Efesios 5.26). Como Cristo santifica y limpia a su iglesia, así también el amor y el respeto dentro del matrimonio limpia y purifica. Tanto la novia como el novio se han estado preparando para esta ceremonia. Han sacado tiempo para bañarse, lavarse, aceptarse, hacer gárgaras, perfumarse y vestirse con un hermoso traje y un elegante ropaje. Puesto que se aman uno al otro se han limpiado el uno para el otro.

Pero la limpieza es más que lo que se mira en la apariencia. Hay una limpieza espiritual que ha ocurrido y debe continuar sucediendo a través de esta nueva relación. El versículo 25 nos dice que Jesús ha limpiado a su esposa, la iglesia, a través del lavamiento de la Palabra. ¿Había pensado acerca de la Escritura en esta manera? Cuando leemos la Escritura nos empapamos, en realidad, en un baño espiritual. Jesús nos limpia lavándonos con su Palabra.

En la relación matrimonial, cualquier relación matrimonial, llegamos con residuos que tienen que ser lavados. La Palabra de Dios nos hace nuevos. El gozo y el deleite que el esposo y la esposa comparten deben venir cada día de la Palabra de Dios para aplicar la esponja de su amor a las áreas de nuestro espíritu que necesitan limpieza. El amor es incondicional y nos acepta como somos, pero el verdadero amor ama a tal profundidad que no nos deja como estábamos.

3. El amor exalta (Efesios 5.27). Como Cristo exalta a su novia, la iglesia, para presentársela pura y santa, así también el amor y el respeto dentro del matrimonio exaltará el uno al otro. Cristo prepara a su iglesia para presentársela a sí mismo en el santuario real. Él la levanta de un lugar humilde y la exalta. El Salmo 45.13-15 nos presenta este cuadro:

> Toda gloriosa es la hija del rey en su morada; de brocado de oro es su vestido. Con vestidos bordados será llevada al rey; vírgenes irán en pos de ella, compañeras suyas serán traídas a ti. Serán traídas con alegría y gozo; entrarán en el palacio del rey.

Este Salmo que presenta la boda real del rey de Israel y el levantamiento de la novia para entrar al palacio es también un cuadro de la obra de Cristo con su prometida. Él nos levantará a sus aposentos reales. Amor que da, limpia y exalta.

En otro lugar Pablo afirma: «Por lo cual, animaos unos a otros, y edificaos unos a otros, así como lo hacéis» (1 Tesalonicenses 5.11). Amar y ser amado es una experiencia que nos levanta. La esposa y el esposo que se aman son libres para alcanzar grandes alturas de satisfacción y fortaleza. Caminen juntos las montañas de la vida mientras dulcemente se estimulan uno al otro hacia la exaltada altura del verdadero amor y el compañerismo.

Conclusión: Esta es la clase de amor que ha sido redescubierto aquí hoy. Amor que da, limpia y exalta. No podemos hacer esto con nuestras propias fuerzas. Tenemos que ser cambiados por el poder de Dios a través de la fe en Cristo, que se dio a sí mismo por nosotros. Entonces, Dios hace residencia en nosotros. Es entonces que hallaremos la vida, el amor y el respeto que estamos buscando. Nos convertimos en el templo de Dios y con el control y la capacitación de su Espíritu Santo podemos amar, considerar y honrar de este día en adelante.

Sermón nupcial: Informal o en el hogar
Rev. Robert J. Morgan
Una ceremonia nupcial basada en 1 Juan 1.7

Queridos amigos: Nos hemos reunido en la presencia de Dios y de estos testigos para unir a esta pareja en santo matrimonio. _____ y _____ ustedes se han embarcado en un viaje de aventuras a través del inquieto mar del resto de sus vidas. Se encuentran en el atrio de un hogar que va a ser lanzado. El agua aquí en la orilla de la bahía está calmada pero pronto, dentro de algunos días o meses, los vientos van a soplar con más fuerza y se levantarán las olas. Mientras naveguen más profundamente van a pasar sobre las tumbas acuáticas de millones de barcos matrimoniales que se han hundido bajo el azote de la tempestad, destrozados por las rocas y confundidos en medio de la tormenta por brújulas defectuosas.

En esta hora les voy a entregar una brújula que sí funciona. Esta tiene dos puntos, y si ustedes dos mantiene estos puntos alineados, sin duda van llegar a salvo al puerto celestial al final de este viaje terrenal. Los dos puntos de las brújulas son simples instrucciones basadas en la Escritura: 1 Juan 1.7: «pero si andamos en luz, como él está en luz, tenemos comunión unos con otros, y la sangre de Jesucristo su Hijo nos limpia de todo pecado».

La primera aguja de dirección es esta: Caminen con el Maestro. La segunda es: Trabajen en su matrimonio. Cada una de estas sin la otra es tan inútil como lo serán cada uno de ustedes sin el otro. Pero ambas, alineadas en sus vidas, le proveerán navegación precisa aun en medio de la peor tempestad. Caminen con el Maestro y trabajen en su matrimonio.

La razón por la cual les entrego estas brújulas doradas con tanta confianza es porque, basado en 1 Juan 1.7, viene del mismo Señor que dijo esa verdad: «pero si andamos en luz, como él está en luz, tenemos comunión unos con otros, y la sangre de Jesucristo su Hijo nos limpia de todo pecado».

Ahora, si este barco que estamos lanzando hoy en el mar del matrimonio está de acuerdo a 1 Juan 1.7, Jesucristo será el capitán, y su compañerismo será santo y no una batalla sin la presencia de Dios.

Navegará, cuando los vientos suaves de días placenteros les acaricien.

Navegará, cuando los remolinos de las dificultades financieras giren alrededor.

Navegará, cuando las nubes vistosas de la responsabilidad de padres se deslicen por lo alto.

Navegará, cuando los nubarrones de los malos entendidos, la enfermedad, la tragedia y la muerte les azoten.

Navegará porque está manejado por Jesucristo, impulsado por los vientos del Espíritu Santo, estabilizado por las anclas del estudio diario de la Biblia, la oración y la asistencia regular a la iglesia. Y estará cargado con el cargamento inapreciable de la clase de amor bíblico que tanto hace, se mantiene tan constante, perdona con tanta frecuencia y actúa con tanta sensibilidad.

La Biblia nos enseña que permitamos a nuestros corazones entretejerse en amor. Habrá tiempos cuando parecerá que es más fácil darse por vencido que unir, pero no lo es. Solo sigan tejiendo sus corazones, comprometiéndose con Cristo, sometiéndose a sí mismos el uno al otro, omitiendo la negra maldición de los malos hábitos de su hogar y emitiendo el fruto del Espíritu en el contexto de una vida familiar santa.

Este es el plan de Dios para ustedes: Su compañerismo de amor y entusiasmo para todos aquellos que caminan con el Maestro y trabajan en su matrimonio.

Entonces, si ustedes _____ y _____ _____ se han escogido libre y voluntariamente el uno al otro como compañeros en este estado santo, y no tienen conocimiento de ninguna razón por la cual no deban unirse, como señal —por favor— unan sus manos derechas.

_____, repite después de mí: *Al tomar la mujer cuya mano sostengo en mi mano derecha para ser mi esposa, delante de Dios y estos testigos prometo amarla, honrarla y guardarla en esta relación, y dejando a todas las otras me uno a ella en todas las cosas como un esposo fiel y verdadero mientras los dos vivamos.*

_____, repite después de mí: *Al tomar al hombre cuya mano sostengo en mi mano derecha para ser mi esposo, delante de Dios y estos testigos prometo amarlo, honrarlo y guardarlo en esta relación, y dejando a todos los otros me uno a él en todas las cosas como una esposa fiel y verdadera mientras los dos vivamos.*

Así ustedes se han dado el uno al otro en riqueza o en pobreza, para bien o para mal, en enfermedad y en salud, hasta que la muerte los separe.

El anillo de boda es un símbolo apropiado para estos votos en dos maneras. La forma del anillo nos recuerda que el matrimonio es una relación que nunca termina sino que se hace más dulce a través de la vuelta de los años. Y el oro nos enseña la lección de la gloria y la pureza del hogar.

_____, por favor, coloca el anillo en el dedo de _____ y repite después de mí: *Con este anillo te desposo, con amor y gozo a través de la gracia del Padre, del Hijo y del Espíritu Santo.*

_____, por favor, coloca el anillo en el dedo de _____ y repite después de mí: *Con este anillo te desposo, con amor y gozo a través de la gracia del Padre, del Hijo y del Espíritu Santo.*

Ahora, después de esta promesa mutua hecha ante la presencia de Dios y estos testigos, y de acuerdo a la autoridad con que he sido investido como ministro del evangelio de Jesucristo, yo los declaro esposo y esposa.

Ceremonia de renovación de votos matrimoniales

Rev. Mark Hollis

Ejemplo del orden del servicio para una ceremonia de renovación de votos matrimoniales

Preludio	*Renovación de votos*
Procesión	*Cena del Señor*
Bienvenida	*Encendido de velas de la unidad*
Oración	*Selección musical*
Selección musical	*Oración de dedicación*
Escritura	*Presentación*
Declaración de intención	*Recepción*
Homilía de renovación	

Ejemplo detallado de una ceremonia de renovación de votos matrimoniales

Preludio: Puede ser una canción nupcial tradicional o un canto especial escogido por la pareja.

Procesión: La procesión generalmente está compuesta por los esposos. Con frecuencia la ceremonia de renovación de votos es casual e íntima.

Bienvenida: En nombre de _____ y _____ les quiero dar la bienvenida a esta ceremonia especial. Esta es una ocasión feliz y una oportunidad especial para estar entre el pueblo de Dios. Es apropiado que busquemos la presencia de Dios al juntarnos en esta ocasión.

Oración: Padre, tú nos has creado el uno para el otro. Es con mucho gozo que nos reunimos con _____ y _____ para renovar sus votos ante ti y esta compañía. Sabemos que ya estás aquí con nosotros. Somos tus hijos. Te damos gracias por honrarnos con tu presencia en esta hora. Amén.

La congregación toma asiento.

Selección musical: Se puede tener una canción de la boda de la pareja u otra selección apropiada.

Escritura: «Vestíos, pues, como escogidos de Dios, santos y amados, de entrañable misericordia, de benignidad, de humildad, de mansedumbre, de paciencia; soportándoos unos a otros, y perdonándoos unos a otros si alguno tuviere queja contra otro. De la manera que Cristo os perdonó, así también hacedlo vosotros. Y sobre todas estas cosas vestíos de amor, que es el vínculo perfecto. Y la paz de Dios gobierne en vuestros corazones, a la que asimismo fuisteis llamados en un solo cuerpo; y sed agradecidos. La palabra de Cristo more en abundancia en vosotros, enseñándoos y exhortándoos unos a otros en toda sabiduría, cantando con gracia en vuestros corazones al Señor con salmos e himnos y cánticos espirituales. Y todo lo que hacéis, sea de palabra o de hecho, hacedlo todo en el nombre del Señor Jesús, dando gracias a Dios Padre por medio de él. Casadas, estad sujetas a vuestros maridos, como conviene en el Señor. Maridos, amad a vuestras mujeres, y no seáis ásperos con ellas» (Colosenses 3.12-19).

«El amor es sufrido, es benigno; el amor no tiene envidia, el amor no es jactancioso, no se envanece; no hace nada indebido, no busca lo suyo, no se irrita, no guarda rencor; no se goza de la injusticia, mas se goza de la verdad. Todo lo sufre, todo lo cree, todo lo espera, todo lo soporta. El amor nunca deja de ser; pero las profecías se acabarán, y cesarán las lenguas, y la ciencia acabará» (1 Corintios 13.4-8).

Declaración de intención: _____
(esposo) entendiendo que estas son las instrucciones de Dios relacionadas con la forma en que debes amar a _____ _____ (esposa), según el poder dado por el Espíritu Santo, ¿te recomprometes a ti mismo a amarla de esa manera? ¿Prometes amarla y sostenerla en amor y unirte a ella para hacer un hogar duradero en amor y paz? ¿Reafirmas tu compromiso de una unión más profunda con ella de modo que ambos disfruten del gozo y el logro del amor? ¿Renuevas tu pacto por la completa fidelidad a través de todos los tiempos cambiantes de la vida? ¿Te entregas

ahora a ella con tu entera y libre voluntad para amarla en cuerpo, mente y alma para ser solo de ella mientras los dos vivieren?

Esposo: Sí, lo prometo.

_____ (esposa) entendiendo que estas son las instrucciones de Dios relacionadas con la forma en que debes amar a _____ (esposo), según el poder dado por el Espíritu Santo, ¿te recomprometes a ti mismo a amarlo de esa manera? ¿Prometes amarlo y sostenerlo en amor y unirte a él para hacer un hogar duradero en amor y paz? ¿Reafirmas tu compromiso de una unión más profunda con el de modo que ambos disfruten del gozo y el logro del amor? ¿Renuevas tu pacto por la completa fidelidad a través de todos los tiempos cambiantes de la vida? ¿Te entregas ahora a él con tu entera y libre voluntad para amarlo en cuerpo, mente y alma para ser solo de él mientras los dos vivieren?

Esposa: Si, lo prometo.

Homilía de renovación de votos: Les invito a escuchar las palabras de la Escritura. Hagan de la misericordia, la bondad, la humildad y la mansedumbre la práctica normal de sus días. Póngasela como una vestidura cada mañana y nunca se la quiten en todo el día. Estos son los lados útiles del amor. Estas son las herramientas que les permitirán vivir juntos en armonía.

«… soportándoos unos a otros, y perdonándoos unos a otros…» (Colosenses 3.13). El perdón es el elemento clave para mantener un matrimonio saludable. Este abre la puerta de un corazón que se ha enfriado. Nos libera de la amargura y nos permite amarnos a pesar de las faltas del otro.

«La palabra de Cristo more en abundancia en vosotros» (Colosenses 3.16). El amor no es algo que llega de afuera de nosotros. No se puede comprar ni vender. No es un lujo. El amor viene de dentro de nosotros. Algunas veces es un sentimiento, pero con más frecuencia es una decisión. Es una presencia espiritual. Es Dios ajustándose en nosotros en una dimensión especial que nos capacita para amar a través de su poder. Que todas las virtudes del amor, la paciencia, la bondad, el perdón, la compasión, la gentileza, la humildad y la paz fluyan naturalmente de la presencia del Espíritu Santo en sus vidas. Al rendirnos a Él, vivirá su vida a través de nosotros. Mientras dependamos de Él, esas virtudes formarán parte de nuestro propio espíritu.

Ustedes han tenido la oportunidad de vivir juntos durante muchos años. Su amor ha madurado. Sus expectativas se han enfrentado a la realidad y han tenido que ser reajustadas. A través de todo eso han decidido perseverar. En algún punto de sus vidas han tenido la oportunidad de reconocer a Cristo como su Salvador. Él dio su vida por ustedes y ahora les da su vida a ustedes. Él está comprometido con su matrimonio. Ustedes son débiles y limitados. Su Espíritu hace que su amor sea vibrante y fuerte.

Renovación de votos: Piensen en el día en que se juraron amor el uno al otro por primera vez. Su amor era joven y fuerte. Tenían grandes sueños y un futuro brillante. Ahora han llegado a una nueva cima de sus vidas. Han enfrentado los retos de los hijos, las hipotecas y las facturas. Han presenciado los cambios que llegan con los años. Todavía siguen comprometidos uno con otro y dando testimonio de ese compromiso en este servicio.

Al renovar sus votos pueden hacer estas promesas con poder y autoridad. Su amor es más maduro y refinado que antes. Los retos han sido reales, pero Dios ha estado con ustedes. Y todavía sigue estando con nosotros hoy. Él está aquí como testigo de esos votos. Está listo para ayudarles a realizarlos, así que repitan esos votos con autoridad.

_____ (esposo), mirando a tu esposa y tomando su mano derecha en la tuya, repite después de mí.

Renuevo los votos que hice cuando nos convertimos en esposo y esposa. Yo _____ (nombre completo del esposo), te tomo a ti _____ (nombre completo de la esposa) como mi esposa, para tenerte y mantenerte de este día en adelante, para bien o para mal, en riqueza o en pobreza, en enfermedad y en salud, para amarte y cuidarte hasta que la muerte nos separe. Este es mi voto solemne.

_____ (esposa), mirando a tu esposo y tomando su mano derecha en la tuya, repite después de mí.

Renuevo los votos que hice cuando nos convertimos en esposa y esposo. Yo _____ (nombre completo de la esposa), te tomo a ti _____ (nombre completo del esposo) como mi esposo, para tenerte y mantenerte de este día en adelante, para bien o para mal, en riqueza o en pobreza, en enfermedad y en salud, para amarte y cuidarte hasta que la muerte nos separe. Este es mi voto solemne.

Cena del Señor: Al final de la última cena de la fiesta de la Pascua que Jesús compartió con sus discípulos se levantó y lavó los pies de sus discípulos. Entonces tomó el pan y lo partió y le dio a sus discípulos diciendo:

«Tomad, esto es mi cuerpo» (Marcos 14.22)

Entonces tomó la copa y se la ofreció a sus discípulos diciendo:

«Esto es mi sangre del nuevo pacto, que por muchos es derramada» (Marcos 14.24).

_____ (esposo), _____ _____ (esposa), es por su sacrificio que ustedes están hoy redimidos ante su presencia. Es solo en Jesús que su matrimonio puede ser lo que ustedes y Dios desean que sea. Es solo en su bondad y su poder que ustedes pueden mantener sus votos el uno al otro.

Desde esa noche, hace más de dos mil años, los líderes cristianos han llevado al rebaño, grande o pequeño, para que recuerden el sacrificio del Señor en su beneficio al celebrar juntos la Cena del Señor (1 Corintios 11.23). Como pareja ustedes celebran juntos la Cena del Señor es este día tan especial. _____ (esposo), como el líder espiritual de su hogar, te invito a venir a servir a tu esposa recordando el sacrificio de Cristo por ustedes.

El esposo y la esposa vienen a la mesa donde el esposo le sirve a su esposa y comparten juntos la Cena del Señor.

Encendido de las velas de la unidad: *La pareja se acerca a la mesa donde se han colocado una vela a un lado y otra al otro lado y una más grande en el centro. Esposo y esposa toman cada uno una vela encendida y juntos encienden la vela del centro y luego apagan las que tienen en sus manos.*

Selección musical: *En este momento se puede cantar el* Padre nuestro *u otra selección musical apropiada.*

Oración de dedicación: Padre, nos dirigimos a ti como la fuente de todo lo bueno que tiene la vida. Hace algunos años miraste cuando estos dos se juraron su amor y compromiso el uno al otro. Has observado y participado mientras este amor ha crecido y mientras ellos han caminado a través de la vida. Nos dirigimos a ti para pedir por la continua y renovada bendición sobre ellos. Dales un buen espíritu y un renovado amor mutuo. Te pido que el fruto del Espíritu sea evidente en sus vidas. Dales una clase de amor que vaya más allá de su capacidad natural para amar, ese amor que proviene de ti. Dales tu paz y la seguridad de que estás comprometido con su matrimonio. Dales la sencilla habilidad de ser amables el uno con el otro. Concédeles el don de la fidelidad. Dales bondad y dominio propio. Trae un nuevo gozo a su matrimonio. Concédeles tener confianza en el amor del uno para el otro. Dales la libertad de amarse como tú les amas. Gracias Padre, que nos has dado el regalo de ti mismo.

Presentación: _____ y _____ _____ han renovado sus votos matrimoniales mutuamente y han sellado su compromiso a través de la oración y del darse la Cena del Señor uno al otro. Ahora se los presento. ¿Se comprometen ustedes a levantarlos en oración delante de Dios? Pónganse de pie como símbolo de ese compromiso.

Dependiendo de la preferencia de la pareja, ellos podrían besarse en este punto.

Recepción: *Dependiendo del tamaño de la congregación y las preferencias personales, la pareja decidirá si tendrá una recepción.*

Escrituras tradicionales para bodas

Génesis 1.28: Y los bendijo Dios, y les dijo: Fructificad y multiplicaos; llenad la tierra, y sojuzgadla, y señoread en los peces del mar, en las aves de los cielos, y en todas las bestias que se mueven sobre la tierra.

Génesis 2.18-24: Y dijo Jehová Dios: No es bueno que el hombre esté solo; le haré ayuda idónea para él. Jehová Dios formó, pues, de la tierra toda bestia del campo, y toda ave de los cielos, y las trajo a Adán para que viese cómo las había de llamar; y todo lo que Adán llamó a los animales vivientes, ese es su nombre. Y puso Adán nombre a toda bestia y ave de los cielos y a todo ganado del campo; mas para Adán no se halló ayuda idónea para él. Entonces Jehová Dios hizo caer sueño profundo sobre Adán, y mientras éste dormía, tomó una de sus costillas, y cerró la carne en su lugar. Y de la costilla que Jehová Dios tomó del hombre, hizo una mujer, y la trajo al hombre. Dijo entonces Adán: Esto es ahora hueso de mis huesos y carne de mi carne; ésta será llamada Varona, porque del varón fue tomada. Por tanto, dejará el hombre a su padre y a su madre, y se unirá a su mujer, y serán una sola carne.

Ruth 1.16-17: Respondió Rut: No me ruegues que te deje, y me aparte de ti; porque a dondequiera que tú fueres, iré yo, y dondequiera que vivieres, viviré. Tu pueblo será mi pueblo, y tu Dios mi Dios. Donde tú murieres, moriré yo, y allí seré sepultada; así me haga Jehová, y aun me añada, que sólo la muerte hará separación entre nosotras dos.

Salmo 127.1: Si Jehová no edificare la casa, en vano trabajan los que la edifican; si Jehová no guardare la ciudad, en vano vela la guardia.

Salmo 128.1-4: Bienaventurado todo aquel que teme a Jehová, que anda en sus caminos. Cuando comieres el trabajo de tus manos, bienaventurado serás, y te irá bien. Tu mujer será como vid que lleva fruto a los lados de tu casa; tus hijos como plantas de olivo alrededor de tu mesa. He aquí que así será bendecido el hombre que teme a Jehová.

Eclesiastés 4.9-12: Mejores son dos que uno; porque tienen mejor paga de su trabajo. Porque si cayeren, el uno levantará a su compañero; pero ¡ay del solo! que cuando cayere, no habrá segundo que lo levante. También si dos durmieren juntos, se calentarán mutuamente; mas ¿cómo se calentará uno solo? Y si alguno prevaleciere contra uno, dos le resistirán; y cordón de tres dobleces no se rompe pronto.

Cantares 2.10-14, 16: Mi amado habló, y me dijo: Levántate, oh amiga mía, hermosa mía, y ven. Porque he aquí ha pasado el invierno, se ha mudado, la lluvia se fue; se han mostrado las flores en la tierra, el tiempo de la canción ha venido, y en nuestro país se ha oído la voz de la tórtola. La higuera ha echado sus higos, y las vides en cierne dieron olor; levántate, oh amiga mía, hermosa mía, y ven. Paloma mía, que estás en los agujeros de la peña, en lo escondido de escarpados parajes, muéstrame tu rostro, hazme oír tu voz; porque dulce es la voz tuya, y hermoso tu aspecto. ... Mi amado es mío, y yo suya; Él apacienta entre lirios.

Cantares 8.6-7: Ponme como un sello sobre tu corazón, como una marca sobre tu brazo; porque fuerte es como la muerte el amor; duros como el Seol los celos; sus brasas, brasas de fuego, fuerte llama. Las muchas aguas no podrán apagar el amor, ni lo ahogarán los ríos...

Isaías 26.3-4: Tú guardarás en completa paz a aquel cuyo pensamiento en ti persevera; porque en ti ha confiado. Confiad en Jehová perpetuamente, porque en Jehová el Señor está la fortaleza de los siglos.

Mateo 22.37-40: Jesús le dijo: Amarás al Señor tu Dios con todo tu corazón, y con toda tu alma, y con toda tu mente. Este es el primero y grande mandamiento. Y el segundo es semejante: Amarás a tu prójimo como a ti mismo. De estos dos mandamientos depende toda la ley y los profetas.

Marcos 10.6-9: Pero al principio de la creación, varón y hembra los hizo Dios. Por esto dejará el hombre a su padre y a su madre, y se unirá a su mujer, y los dos serán una sola carne; así que no son ya más dos, sino uno. Por tanto, lo que Dios juntó, no lo separe el hombre.

Marcos 10.42-45: Mas Jesús, llamándolos, les dijo: Sabéis que los que son tenidos por gobernantes de las naciones se enseñorean de ellas, y sus grandes ejercen sobre ellas potestad. Pero no será así entre vosotros, sino que el que quiera hacerse grande entre vosotros será vuestro servidor, y el que de vosotros quiera ser el primero, será siervo de todos. Porque el Hijo del Hombre no vino para ser servido, sino para servir, y para dar su vida en rescate por muchos.

Juan 2.1-11: Al tercer día se hicieron unas bodas en Caná de Galilea; y estaba allí la madre de Jesús. Y fueron también invitados a las bodas Jesús y sus discípulos. Y faltando el vino, la madre de Jesús le dijo: No tienen vino. Jesús le dijo: ¿Qué tienes conmigo, mujer? Aún no ha venido mi hora. Su madre dijo a los que servían: Haced todo lo que os dijere. Y estaban allí seis tinajas de piedra para agua, conforme al rito de la purificación de los judíos, en cada una de las cuales cabían dos o tres cántaros. Jesús les dijo: Llenad estas tinajas de agua. Y las llenaron hasta arriba. Entonces les dijo: Sacad ahora, y llevadlo al maestresala. Y se lo llevaron. Cuando el maestresala probó el agua hecha vino, sin saber él de dónde era, aunque lo sabían los sirvientes que habían sacado el agua, llamó al esposo, y le dijo: Todo hombre sirve primero el buen vino, y cuando ya han bebido mucho, entonces el inferior; mas tú has reservado el buen vino hasta ahora. Este principio de señales hizo Jesús en Caná de Galilea, y manifestó su gloria; y sus discípulos creyeron en él.

Juan 15.9-12: Como el Padre me ha amado, así también yo os he amado; permaneced en mi amor. Si guardareis mis mandamientos, permaneceréis en mi amor; así como yo he guardado los mandamientos de mi Padre, y permanezco en su amor. Estas cosas os he hablado, para que mi gozo esté en vosotros, y vuestro gozo sea cumplido. Este es mi mandamiento: Que os améis unos a otros, como yo os he amado.

Romanos 12.9-18: El amor sea sin fingimiento. Aborreced lo malo, seguid lo bueno. Amaos los unos a los otros con amor fraternal; en cuanto a honra, prefiriéndoos los unos a los otros. En lo que requiere diligencia, no perezosos; fervientes en espíritu, sirviendo al Señor; gozosos en la esperanza; sufridos en la tribulación; constantes en la oración; compartiendo para las necesidades de los santos; practicando la hospitalidad. Bendecid a los que os persiguen; bendecid, y no maldigáis. Gozaos con los que se gozan; llorad con los que lloran. Unánimes entre vosotros; no altivos, sino asociándoos con los humildes. No seáis sabios en vuestra propia opinión. No paguéis a nadie mal por mal; procurad lo bueno delante de todos los hombres. Si es posible, en cuanto dependa de vosotros, estad en paz con todos los hombres.

1 Corintios 13.4-7: El amor es sufrido, es benigno; el amor no tiene envidia, el amor no es jactancioso, no se envanece; no hace nada indebido, no busca lo suyo, no se irrita, no guarda rencor; no se goza de la injusticia, mas se goza de la verdad. Todo lo sufre, todo lo cree, todo lo espera, todo lo soporta.

1 Corintios 16.14: Todas vuestras cosas sean hechas con amor.

Efesios 4.25-32: Por lo cual, desechando la mentira, hablad verdad cada uno con su prójimo; porque somos miembros los unos de los otros. Airaos, pero no pequéis; no se ponga el sol sobre vuestro enojo, ni deis lugar al diablo. El que hurtaba, no hurte más, sino trabaje, haciendo con sus manos lo que es bueno, para que tenga qué compartir con el que padece necesidad. Ninguna palabra corrompida salga de vuestra boca, sino la que sea buena para la necesaria edificación, a fin de dar gracia a los oyentes. Y no contristéis al Espíritu Santo de Dios, con el cual fuisteis sellados para el día de la redención. Quítense de vosotros toda amargura, enojo, ira, gritería y maledicencia, y toda malicia. Antes sed benignos unos con otros, misericordiosos, perdonándoos unos a otros, como Dios también os perdonó a vosotros en Cristo.

Efesios 5.22-33: Las casadas estén sujetas a sus propios maridos, como al Señor; porque el marido es cabeza de la mujer, así como Cristo es cabeza de la iglesia, la cual es su cuerpo, y él es su Salvador. Así que, como la iglesia está sujeta a Cristo, así también las casadas lo estén a sus maridos en todo. Maridos, amad a vuestras mujeres, así como Cristo amó a la iglesia, y se entregó a sí mismo por ella, para santificarla, habiéndola purificado en el lavamiento del agua por la palabra, a fin de presentársela a sí mismo, una iglesia gloriosa, que no tuviese mancha ni arruga ni cosa semejante, sino que fuese santa y sin mancha. Así también los maridos deben amar a sus mujeres como a sus mismos cuerpos. El que ama a su mujer, a sí mismo se ama. Porque nadie aborreció jamás a su propia carne, sino que la sustenta y la cuida, como también Cristo a la iglesia, porque somos miembros de su cuerpo, de su carne y de sus huesos. Por esto dejará el hombre a su padre y a su madre, y se unirá a su mujer, y los dos serán una sola carne. Grande es este misterio; mas yo digo esto respecto de Cristo y de la iglesia. Por lo demás, cada uno de vosotros ame también a su mujer como a sí mismo; y la mujer respete a su marido.

Filipenses 2.1-11: Por tanto, si hay alguna consolación en Cristo, si algún consuelo de amor, si alguna comunión del Espíritu, si algún afecto entrañable, si alguna misericordia, completad mi gozo, sintiendo lo mismo, teniendo el mismo amor, unánimes, sintiendo una misma cosa. Nada hagáis por contienda o por vanagloria; antes bien con humildad, estimando cada uno a los demás como superiores a él mismo; no mirando cada uno por lo suyo propio, sino cada cual también por lo de los otros. Haya, pues, en vosotros este sentir que hubo también en Cristo Jesús, el cual, siendo en forma de Dios, no estimó el ser igual a Dios como cosa a que aferrarse, sino que se despojó a sí mismo, tomando forma de siervo, hecho semejante a los hombres; y estando en la condición de hombre, se humilló a sí mismo, haciéndose obediente hasta la muerte, y muerte de cruz. Por lo cual Dios también le exaltó hasta lo sumo, y le dio un nombre que es sobre todo nombre, para que en el nombre de Jesús se doble toda rodilla de los que están en los cielos, y en la tierra, y debajo de la tierra; y toda lengua confiese que Jesucristo es el Señor, para gloria de Dios Padre.

Colosenses 3.12-17: Vestíos, pues, como escogidos de Dios, santos y amados, de entrañable misericordia, de benignidad, de humildad, de mansedumbre, de paciencia; soportándoos unos a otros, y perdonándoos unos a otros si alguno tuviere queja contra otro. De la manera que Cristo os perdonó, así también hacedlo vosotros. Y sobre todas estas cosas vestíos de amor, que es el vínculo perfecto. Y la paz de Dios gobierne en vuestros corazones, a la que asimismo fuisteis llamados en un solo cuerpo; y sed agradecidos. La palabra de Cristo more en abundancia en vosotros, enseñándoos y exhortándoos unos a otros en toda sabiduría, cantando con gracia en vuestros corazones al Señor con salmos e himnos y cánticos espirituales. Y todo lo que hacéis, sea de palabra o de hecho, hacedlo todo en el nombre del Señor Jesús, dando gracias a Dios Padre por medio de él.

Colosenses 3.18-19: Casadas, estad sujetas a vuestros maridos, como conviene en el Señor. Maridos, amad a vuestras mujeres, y no seáis ásperos con ellas.

1 Juan 4.7-11: Amados, amémonos unos a otros; porque el amor es de Dios. Todo aquel que ama, es nacido de Dios, y conoce a Dios. El que no ama, no ha conocido a Dios; porque Dios es amor. En esto se mostró el amor de Dios para con nosotros, en que Dios envió a su Hijo unigénito al mundo, para que vivamos por él. En esto consiste el amor: no en que nosotros hayamos amado a Dios, sino en que él nos amó a nosotros, y envió a su Hijo en propiciación por nuestros pecados. Amados, si Dios nos ha amado así, debemos también nosotros amarnos unos a otros.

Himnos favoritos para bodas
Jerry Carraway

Jubilosos te adoramos, Henry Van Dyke/Ludwig van Beethoven; dominio público.

Sólo excelso amor divino, Charles Wesley/John Zundel; dominio público.

Oh Dios de amor perfecto, Dorothy F. Gurney; dominio público.

¡Pastoréanos, Jesús amante!, Dorothy A. Thrupp/William B. Bradbury; dominio público.

Alabad al Dios y Rey, J. Wilkes; dominio público.

Funerales

Formulario para el registro de funerales

Nombre: _____

Edad: _____

Breve biografía:_____
_____
_____

Nombre del cónyuge: _____

Nombre de los padres: _____

y _____

Nombre de los hijos: _____
_____

Nombre de otros parientes: _____
_____

Nombre de los nietos: _____
_____

Funeraria: _____

Hora y lugar de visitación: _____

Hora y lugar del culto fúnebre: _____

Ministro oficiante: _____

Hora y lugar del servicio en el cementerio: _____
_____

Cargadores del féretro: _____
_____

Lugar del sepelio: _____

Preferencias de la familia: _____
_____

Ejemplo de un servicio fúnebre

Dr. Melvin Worthington

Ejemplo de un orden de servicio fúnebre

Preludio

Música especial

Himno

Sermón

Lectura bíblica

Bendición

Oración

Ejemplo detallado de un servicio fúnebre

Este orden de servicio es para un funeral en el hogar, en la capilla de la funeraria o en la iglesia. El ministro debe tener en mente que el servicio fúnebre ofrece una excelente oportunidad para la enseñanza bíblica.

Preludio: *El músico de la iglesia debe tocar música apropiada. Entre los himnos que se pueden incluir están* La cruz de Jesús, Sublime gracia, Más allá del sol, Alcancé salvación *y* Señor Jesús, la luz del sol se fue. *El ministro consultará con la familia para saber si el occiso tenía algunos himnos favoritos que se podrían usar en esta ocasión.*

Himno: *Cantado por un solista, el coro, la congregación o un grupo seleccionado.*

Lectura bíblica: Jehová es mi pastor; nada me faltará. En lugares de delicados pastos me hará descansar; junto a aguas de reposo me pastoreará. Confortará mi alma; me guiará por sendas de justicia por amor de su nombre. Aunque ande en valle de sombra de muerte, no temeré mal alguno, porque tú estarás conmigo; tu vara y tu cayado me infundirán aliento. Aderezas mesa delante de mí en presencia de mis angustiadores; unges mi cabeza con aceite; mi copa está rebosando. Ciertamente el bien y la misericordia me seguirán todos los días de mi vida, y en la casa de Jehová moraré por largos días (Salmo 23).

Hazme saber, Jehová, mi fin, Y cuánta sea la medida de mis días; sepa yo cuán frágil soy. He aquí, diste a mis días término corto, y mi edad es como nada delante de ti; ciertamente es completa vanidad todo hombre que vive. Ciertamente como una sombra es el hombre; Ciertamente en vano se afana; amontona riquezas, y no sabe quién las recogerá. Y ahora, Señor, ¿qué esperaré? Mi esperanza está en ti. Líbrame de todas mis transgresiones; no me pongas por escarnio del insensato. Enmudecí, no abrí mi boca, porque tú lo hiciste. Quita de sobre mí tu plaga; estoy consumido bajo los golpes de tu mano. Con castigos por el pecado corriges al hombre, y deshaces como polilla lo más estimado de él; ciertamente vanidad es todo hombre. Oye mi oración, oh Jehová, y escucha mi clamor. No calles ante mis lágrimas; porque forastero soy para ti, Y advenedizo, como todos mis padres. Déjame, y tomaré fuerzas, antes que vaya y perezca (Salmo 39.4-13).

No se turbe vuestro corazón; creéis en Dios, creed también en mí. En la casa de mi Padre muchas moradas hay; si así no fuera, yo os lo hubiera dicho; voy, pues, a preparar lugar para vosotros. Y si me fuere y os preparare lugar, vendré otra vez, y os tomaré a mí mismo, para que donde yo estoy, vosotros también estéis. Y sabéis a dónde voy, y sabéis el camino. Le dijo Tomás: Señor, no sabemos a dónde vas; ¿cómo, pues, podemos saber el camino? Jesús le dijo: Yo soy el camino, y la verdad, y la vida; nadie viene al Padre, sino por mí. (Juan 14.1-6).

Tampoco queremos, hermanos, que ignoréis acerca de los que duermen, para que no os entristezcáis como los otros que no tienen esperanza. Porque si creemos que Jesús murió y resucitó, así también traerá Dios con Jesús a los que durmieron en él. Por lo cual os decimos esto en palabra del Señor: que nosotros que vivimos, que habremos quedado hasta la venida del Señor, no precederemos a los que durmieron. Porque el Señor mismo con voz de mando, con voz de arcángel, y con trompeta de Dios, descenderá del cielo; y los muertos en Cristo resucitarán primero. Luego nosotros los que vivimos, los que hayamos quedado, seremos arrebatados juntamente con ellos en las nubes para recibir al Señor en el aire, y así estaremos siempre con el Señor. Por tanto, alentaos los unos a los otros con estas palabras (1 Tesalonicenses 4.13-18).

Oración: Oh Dios, tú nos formaste cuando todavía estábamos en el vientre de nuestras madres. Tú has provisto para nosotros, y nos has guiado a través de la jornada de la vida. Ahora nos enfrentamos a la realidad de la muerte, porque uno de nuestros amados ha llegado al final de su vida. Aun así, en esta hora ponemos nuestra confianza en ti. Danos consuelo en nuestra tristeza. Ayúdanos a enfocarnos en ti, en la eternidad que nos ofreces cuando te seguimos. Oramos estas cosas en el nombre de Jesús. Amén.

Himno: *Cantado por un solista, el coro, un dúo, un grupo seleccionado o la congregación.*

Música especial: Cantada por el coro, un grupo seleccionado o solista. Esta música debe ser escogida por la familia.

Sermón: Para ayuda con los sermones fúnebres, vea los bosquejos de ejemplo que siguen al orden del servicio.

Bendición: Pero esto digo, hermanos: que la carne y la sangre no pueden heredar el reino de Dios, ni la corrupción hereda la incorrupción. He aquí, os digo un misterio: No todos dormiremos; pero todos seremos transformados, en un momento, en un abrir y cerrar de ojos, a la final trompeta; porque se tocará la trompeta, y los muertos serán resucitados incorruptibles, y nosotros seremos transformados. Porque es necesario que esto corruptible se vista de incorrupción, y esto mortal se vista de inmortalidad. Y cuando esto corruptible se haya vestido de incorrupción, y esto mortal se haya vestido de inmortalidad, entonces se cumplirá la palabra que está escrita: Sorbida es la muerte en victoria. ¿Dónde está, oh muerte, tu aguijón? ¿Dónde, oh sepulcro, tu victoria? ya que el aguijón de la muerte es el pecado, y el poder del pecado, la ley. Mas gracias sean dadas a Dios, que nos da la victoria por medio de nuestro Señor Jesucristo. Así que, hermanos míos amados, estad firmes y constantes, creciendo en la obra del Señor siempre, sabiendo que vuestro trabajo en el Señor no es en vano (1 Corintios 15.50-58).

Cuando el servicio se vaya a terminar en el cementerio, la bendición puede ser omitida hasta que el cuerpo haya sido depositado en la sepultura. Una vez en el cementerio se puede leer una Escritura apropiada y dar la bendición. Vea los ejemplos de servicios para el cementerio para ayuda adicional.

Sermón fúnebre: General

Joshua Rowe

Encuentro en el aire

Hoy nos hemos reunido para honrar y recordar a
_____

(Comentarios personales)

Escritura: 1 Tesalonicenses 4.13-18. Tampoco queremos, hermanos, que ignoréis acerca de los que duermen, para que no os entristezcáis como los otros que no tienen esperanza. Porque si creemos que Jesús murió y resucitó, así también traerá Dios con Jesús a los que durmieron en él. Por lo cual os decimos esto en palabra del Señor: que nosotros que vivimos, que habremos quedado hasta la venida del Señor, no precederemos a los que durmieron. Porque el Señor mismo con voz de mando, con voz de arcángel, y con trompeta de Dios, descenderá del cielo; y los muertos en Cristo resucitarán primero. Luego nosotros los que vivimos, los que hayamos quedado, seremos arrebatados juntamente con ellos en las nubes para recibir al Señor en el aire, y así estaremos siempre con el Señor. Por tanto, alentaos los unos a los otros con estas palabras.

Introducción: En este tiempo, cuando sentimos tanto dolor y tanta pérdida, la Palabra de Dios nos ofrece consuelo, estímulo y victoria. Al escribirles a los tesalonicenses, pareciera que Pablo conocía a algún miembro de la iglesia que había perdido a un familiar recientemente. Pablo ofrece buenas razones para tener esperanza a quienes están sufriendo y lamentando.

1. **Una reacción diferente** (v. 13). Pablo se dirige específicamente a quienes han perdido amigos, familia o seres amados en la iglesia. Les dice cómo deben reaccionar de manera diferente a aquellos «que no tienen esperanza». Hay dos cosas que se deben tener en mente:

   A. *Nuestro sufrimiento es natural.* Pablo no dice que no debemos sentirnos tristes cuando alguien querido muere. Muchas veces el Salmo 116.15 se traduce así: «Estimada es a los ojos de Jehová la muerte de sus santos». La palabra hebrea para «estimada» casi siempre se refiere a las piedras preciosas o a las posesiones; también se puede traducir como «caro o costoso». El Señor hace su obra en la tierra a través de sus hijos, así que, ¿no le parece que tiene sentido que su muerte le es costosa? ¡Él entiende nuestra pérdida porque la experimenta con nosotros! ¿Recuerda la muerte de Lázaro? Jesús sabía que iba a resucitar a Lázaro de la muerte (Juan 11.4), pero cuando vio el rostro triste de sus amados, se acercó a la tumba sellada y sintió la pérdida de un amado, lloró (Juan 11.35). Sabemos que los creyentes que han partido serán resucitados, pero el separarnos de ellos nos causa dolor y tristeza natural.

   B. *Nuestro regocijo es sobrenatural.* Pablo nos explica que debemos reaccionar de manera diferente a los que no tienen esperanza. A pesar de que nos dolemos y sufrimos, Dios está con nosotros a través de la experiencia. Como creyentes, tenemos consuelo y esperanza en el futuro: sabemos que los que han partido que eran creyentes están ahora con el

Señor (2 Corintios 5.8). La Biblia hasta los llama bendecidos: Oí una voz que desde el cielo me decía: Escribe: Bienaventurados de aquí en adelante los muertos que mueren en el Señor. Sí, dice el Espíritu, descansarán de sus trabajos, porque sus obras con ellos siguen (Apocalipsis 14.13).

2. **Una importante realidad** (vv. 14-17). Pablo nos recuerda que si creemos en el evangelio, ¡también creemos en la Segunda Venida de Cristo! En medio de nuestra pérdida, nada nos trae más consuelo que la resurrección; es la verdadera esperanza que solo tenemos los cristianos. La escena que describe nos lleva a detenernos en medio de nuestra pena y anticipar el futuro:

A. *El privilegio de los santos fallecidos* (vv. 14-15). Cuando Cristo regrese, ¡traerá a los santos fallecidos con Él! Aunque lamentemos su pérdida, sin duda ellos se regocijan y anticipan el día en que serán los primeros en ver al Cristo resucitado regresar por su pueblo.

B. *El regreso triunfante de Cristo* (v. 16). Se nos dice que: «Porque el Señor mismo con voz de mando, con voz de arcángel, y con trompeta de Dios, descenderá del cielo; y los muertos en Cristo resucitarán primero». Cuando Cristo venga por segunda vez no será en un pesebre, envuelto en pañales, anunciado por una sola estrella a unos hombres sabios o por un ángel a ciertos pastores; vendrá envuelto en todo su esplendor y su gloria, con el grito de un arcángel que sacudirá la tierra, ¡y con la misma trompeta de Dios! ¿Y quiénes serán los primeros en ver todas esas cosas? Los que han muerto en Cristo.

C. *La reunión triunfante* (v. 17). Después que los santos fallecidos sean resucitados para estar con Cristo en su gloria, «Luego nosotros los que vivimos, los que hayamos quedado, seremos arrebatados juntamente con ellos en las nubes para recibir al Señor en el aire, y así estaremos siempre con el Señor» (v. 17). Nosotros seremos reunidos con nuestros compañeros creyentes que habíamos perdido y todos juntos nos uniremos con Cristo en toda su gloria, ¡por toda la eternidad!

Conclusión: En esta hora estamos naturalmente apenados. Pero también tenemos razones para tener gran consuelo. Les exhorto a poner un marcador de libros en 1 Tesalonicenses 4. Cuando sienta el dolor más profundo, lea este pasaje; seguramente lo guiará a ganar la más profunda anticipación del regreso de Cristo. Acerca de estos versículos Pablo nos dice: «Por tanto, alentaos los unos a los otros con estas palabras» (v. 18). Al salir de este lugar en medio de nuestra pena, recordémonos unos a otros que nuestro ser querido será uno de los primeros en ver el majestuoso regreso de nuestro Salvador Jesucristo; y que un día le veremos otra vez, juntos en las nubes.

Bendición: «Bienaventurados los que lloran, porque ellos recibirán consolación» (Mateo 5.4).

Sermón fúnebre: Niño o joven

Rev. Richard Sharpe

Una pérdida valiosa

En esta hora nos hemos reunido para honrar la memoria de

_____

(Comentarios personales)

Escritura: 2 Reyes 4.8-37

Introducción: Hace algunos años nos nació una pareja de gemelos en nuestro hogar. Uno de ellos tenía algunos problemas, así al cabo de varias semanas de haber retenido al niño, el médico lo envió a la casa, dándonos las «señales de peligro» que teníamos que observar. Desafortunadamente, el médico nos mandó a vigilar las señales equivocadas; nuestro hijo murió a solo cinco semanas de estar en esta tierra. Fue muy duro perderlo, pero también sabemos que el Señor tenía una razón para su muerte. En el pueblo donde ministrábamos había un departamento de bomberos; sus miembros respondieron a la llamada de emergencia que hicimos por nuestro hijo. Llegaron bien equipados para salvar vidas, pero no tenían el equipo para salvar a nuestro hijo. Todo lo que tenían era para adultos. Recuerdo su consternación mientras estaban en la cocina, incapaces de ayudar a nuestro hijo. Nuestro hijo probó ser un testigo de los miembros de los bomberos, en cuanto a su necesidad del Señor. Dios tiene un propósito para cada uno que llega a este mundo. Aunque sea una vida corta, siempre hay una razón. En 2 Reyes 4 encontramos la consoladora historia acerca de la muerte de un niño amado:

1. El deseo de una madre: Eliseo era un hombre de Dios que viajaba a través del país llevando la Palabra de Dios. En ocasiones necesitaba dónde alojarse mientras viajaba. Una pareja en particular fue especialmente generosa, dándole lugar para dormir. Esta pareja no tenía hijos. El profeta deseaba hacer algo por la pareja; su sirviente le dijo que ellos deseaban tener un hijo:

> Dijo él entonces a Giezi: Dile: He aquí tú has estado solícita por nosotros con todo este esmero; ¿qué quieres que haga por ti? ¿Necesitas que hable por ti al rey, o al general del ejército? Y ella respondió: Yo habito en medio de mi pueblo. Y él dijo: ¿Qué, pues, haremos por ella? Y Giezi respondió: He aquí que ella no tiene hijo, y su marido es viejo. Dijo entonces: Llámala. Y él la llamó, y ella se paró a la puerta. Y él le dijo: El año que viene, por este tiempo, abrazarás un hijo. Y ella dijo: No, señor mío, varón de Dios, no hagas burla de tu sierva. (2 Reyes 4.13-16)

Ella pensó que él estaba mintiendo con algo que significaba tanto para ella. Sabía que era un hombre de Dios, pero pensaba que ni siquiera Dios le podía dar un hijo en esa etapa de su vida.

2. El gozo de una madre. Leemos que esta mujer tuvo el hijo tal y como le fue dicho por Eliseo. Se pueden imaginar la felicidad de esta madre; se imaginan la felicidad del padre al tener el orgullo de un hijo y una mano para el campo. El niño creció y ayudaba a su padre en las tareas del campo. Todo parecía que iba bien hasta el día que al niño le empezó a doler la cabeza y fue llevado a la casa con su madre.

3. La tristeza de una madre. No solo el hijo se enfermó, sino que falleció. Siga el pasaje: «y dijo a su padre: ¡Ay, mi cabeza, mi cabeza! Y el padre dijo a un criado: Llévalo a su madre. Y habiéndole él tomado y traído a su madre, estuvo sentado en sus rodillas hasta el mediodía, y murió» (2 Reyes 4.19-20). Esta mujer que tenía tanto gozo ahora está desconsolada. Su único hijo ha muerto. Tiene que hacer algo. Fue donde el hombre de Dios buscando ayuda. Ella fue hasta el monte Carmelo:

> Luego que llegó a donde estaba el varón de Dios en el monte, se asió de sus pies. Y se acercó Giezi para quitarla; pero el varón de Dios le dijo: Déjala, porque su alma está en amargura, y Jehová me ha encubierto el motivo, y no me lo ha revelado. Y ella dijo: ¿Pedí yo hijo a mi señor? ¿No dije yo que no te burlases de mí? Entonces dijo él a Giezi: Ciñe tus lomos, y toma mi báculo en tu mano, y ve; si alguno te encontrare, no lo saludes, y si alguno te saludare, no le respondas; y pondrás mi báculo sobre el rostro del niño. Y dijo la madre del niño: Vive Jehová, y vive tu alma, que no te dejaré. (2 Reyes 4.27-30)

4. La esperanza de una madre. La mujer llamó la atención del profeta y lo trajo a la casa. Giezi el sirviente solo pudo confirmar la muerte del niño. Eliseo trató de revivir al niño, pero no tuvo éxito la primera vez; escuche la narración hasta que llega a su clímax y conclusión:

> Entrando él entonces, cerró la puerta tras ambos, y oró a Jehová. Después subió y se tendió sobre el niño, poniendo su boca sobre la boca de él, y sus ojos sobre sus ojos, y sus manos sobre las manos suyas; así se tendió sobre él, y el cuerpo del niño entró en calor. Volviéndose luego, se paseó por la casa a una y otra parte, y después subió, y se tendió sobre él nuevamente, y el niño estornudó siete veces, y abrió sus ojos. Entonces llamó él a Giezi, y le dijo: Llama a esta sunamita. Y él la llamó. Y entrando ella, él le dijo: Toma tu hijo. Y así que ella entró, se echó a sus pies, y se inclinó a tierra; y después tomó a su hijo, y salió. (2 Reyes 4.33-37)

Encontramos que el niño le fue restaurado a su madre. Es grandioso ver a un niño devuelto a la vida. Entonces, ¿por qué *esta historia* con un final feliz, cuando nuestro ser amado no ha sido tan afortunado? Yo estoy aquí para compartir con ustedes la esperanza que Dios ofrece a través de Jesucristo. Vendrá el día cuando este ser amado y todos sus amigos y seres queridos se reunirán los unos con los otros. Con la muerte la vida no termina, más bien comienza. Tenemos la eternidad frente a nosotros. Dios es fiel y justo para tratar con nuestros hijos; la pregunta es, ¿cómo le respondemos nosotros a Él?

Conclusión: Ahora nosotros, como padres y amados de este niño tenemos que tomar una decisión. Tenemos que aceptar a Cristo Jesús como nuestro Salvador si vamos a estar con este niño en el cielo. ¿Conoces a Cristo como tu Salvador? Puedes hacerlo. La Biblia nos presenta un plan para todos aquellos que escogen a Cristo. La Biblia dice en Juan 3.16: «Porque de tal manera amó Dios al mundo, que ha dado a su Hijo unigénito, para que todo aquel que en él cree, no se pierda, mas tenga vida eterna». ¿Lo cree usted? ¿Ha dejado a un lado sus pecados y le ha pedido a Cristo que venga a su vida? Puede hacerlo hoy. Puede hablar conmigo después del servicio. Aun frente a una situación tan difícil, Dios nos ofrece esperanza a través de Jesucristo. Confíe en Él y en las promesas que nos han sido dadas en la Biblia; entréguele su corazón y deje que Él alivie su dolor.

Bendición: «Venid a mí todos los que estáis trabajados y cargados, y yo os haré descansar. Llevad mi yugo sobre vosotros, y aprended de mí, que soy manso y humilde de corazón; y hallaréis descanso para vuestras almas; porque mi yugo es fácil, y ligera mi carga» (Mateo 11.28-30).

Sermón fúnebre: Víctima de accidente

Rev. Robert J. Morgan

Él hace bien todas las cosas

En esta hora nos hemos reunido para honrar la memoria de

_____

(Comentarios personales)

Escritura: Marcos 7.37

«Y [ellos] en gran manera se maravillaban, diciendo: bien lo ha hecho todo; hace a los sordos oír, y a los mudos hablar». (Marcos 7.37)

Introducción: En este momento triste quedamos con un sentimiento de pérdida y devastados. Tenemos tantas preguntas, pero la más grande es: «¿Por qué?» Un antiguo himno de Ana L. Waring viene a la mente:

> *Confiando en el amor divino, mi corazón no temerá.*
> *A salvo en esa confianza, nada cambiará.*
> *La tormenta ruge alrededor, mi corazón parece decaer,*
> *Pero Dios está conmigo, ¿cómo puedo perecer?*
> *Donde quiera me guíe, nada me hará volver atrás.*
> *Mi pastor está conmigo, nada me faltará.*
> *Su sabiduría siempre despierta, su vista no fallará.*
> *Él conoce el camino que ha tomado, con Él caminaré.*

La frase «Él conoce el camino que ha tomado», es la base de mi reflexión en este momento. Dios sabe lo que hace. Él no comete errores, especialmente de esta magnitud. Como dijera la gente del tiempo del Señor: «Bien lo ha hecho todo».

No siempre entendemos la forma y los métodos del Señor. Él tiene propósitos que no siempre están a nuestro alcance, pero sabemos que hace bien todas las cosas.

Sus caminos no son nuestros caminos, sus pensamientos no son nuestros pensamientos, pero hace bien todas las cosas.

Él permite que sople el viento y arrecie la tempestad. El dolor y la tristeza nos alcanzan, y nuestros caminos podrán ser oscuros y difíciles. Pero para Dios sus caminos son perfectos. Él hace que todas las cosas obren para bien. La Biblia dice que nuestros días están en sus manos.

A. W. Tozer escribió una vez: «Para el hijo de Dios no hay tal cosa como un accidente. Transita un camino que ya ha sido asignado. Los accidentes parecen llegar y la mala fortuna acechar, pero esos males son solo aparentes, y parecen malos solo porque no podemos leer el libreto secreto de la providencia escondida de Dios, y así no podemos descubrir el fin que Él persigue… El hombre de verdadera fe vive en la absoluta seguridad de que sus pasos han sido ordenados por el Señor. Para él, la mala fortuna está fuera de toda posibilidad. No puede ser arrancado de esta tierra ni una hora antes del tiempo asignado por Dios, y tampoco nada lo puede detener una vez que Dios ha terminado con él aquí».

Él todo lo hace bien y nos pide que confiemos en Él. Podemos confiar en Él a través del sol y las sombras. Cuando no podemos encontrar su mano, podemos confiar en su corazón.

Sin embargo, es normal en ocasiones preguntar: «¿Por qué?» Aunque no siempre Dios conteste nuestros ¿por qué?, siempre escucha y nos responde en las maneras más sabias.

1. Moisés preguntó: «Señor, ¿por qué le has traído problemas a mi pueblo?»

2. Gedeón preguntó: «¿Por qué nos ha sucedido esto?»

3. Noemí dijo: «Yo salí llena y el Señor me ha regresado con las manos vacías. ¿Por qué?»

4. Nehemías preguntó: «¿Por qué la casa de Dios ha sido abandonada?»

5. Job dijo: «¿Por qué me has convertido en tu blanco?»

6. David dijo: «Señor, ¿por qué has abandonado mi alma? ¿Por qué escondes tu rostro de mí?»

7. Jeremías preguntó: «¿Por qué mi dolor es perpetuo y mi herida no sana?»

Pero el más grande «¿Por qué?» de la Biblia fue expresado por Jesucristo en la cruz cuando dijo: «Dios mío, Dios mío, ¿por qué me has abandonado»? Y encontramos algo en ese «¿por qué?» que se traga a todos los otros.

Porque Cristo se dio a sí mismo en la cruz, podemos confiar que tendremos la respuesta a todos nuestros «¿por qué?»

Vance Havner dijo una vez: «Nunca tienes que preguntar "¿por qué?" Porque el Calvario lo cubre todo. Cuando estemos completos en Él delante del trono, todos los enigmas que nos han confundido caerán en su lugar, sabremos en cumplimiento lo que ahora creemos por fe: que todas las cosas obran para bien conforme a su propósito eterno. Ya no clamaremos: "Dios mío, ¿por qué?" Entonces nuestro "ay" se tornará en "aleluya", todos los signos de interrogación se enderezarán y se convertirán en signos de exclamación, la tristeza se convertirá en canto y el dolor se perderá en alabanza».

Una cosa sabemos: La muerte del cristiano no le parece tan trágica a Dios como nos parece a nosotros. Para nosotros es separación y tristeza. Para Dios es:

1. Una promoción

2. Libertad de las cargas terrenales

3. Salida temprana del campo de batalla

4. Relocalización a un mejor clima

5. Transporte instantáneo a la ciudad celestial

6. Separarse para estar con Cristo, que es mucho mejor

7. Estar ausente del cuerpo pero presente con el Señor

Conclusión: Nuestro amigo se nos ha adelantado al cielo y está más vivo que nunca, porque Dios no es Dios de muertos, sino de vivos. No entendemos todos los propósitos de Dios, pero sabemos que todas las cosas están bien, y simplemente debemos dejarlas donde están, en Su amor.

Bendición:

Confiando en el amor divino, mi corazón no temerá.
A salvo en esa confianza, nada cambiará.
La tormenta ruge alrededor, mi corazón parece decaer,
Pero Dios está conmigo, ¿cómo puedo perecer?

Sermón fúnebre: Víctima de suicidio

Rev. Richard Sharpe

Solo hay un pecado imperdonable

En esta hora nos hemos reunido para honrar la memoria de

_____

(Comentarios personales)

Escritura: Juan 3.9-21; 10.25-30

Introducción: Uno de los mayores problemas que tenemos con este tipo de muerte trágica es el hecho de que no estamos seguros de lo que la Biblia enseña acerca del suicidio. Muchos enseñan que si una persona se suicida nunca entrará al cielo. Ellos dicen que la persona no terminó bien. Esto deja a la familia en medio de serias dudas y dolor. La Biblia es muy clara acerca del problema del pecado en el mundo. La Biblia nos enseña que solo hay un camino al cielo, a través del Señor Jesucristo. Él murió en la cruz por los pecados del mundo. Si un individuo acepta a Cristo como su Salvador personal irá al cielo. En esta hora de tanto dolor debemos enfrentar varias preguntas importantes:

1. ¿Era nuestro amado un hijo del Rey? La Biblia nos dice en Juan 3.16: «Porque de tal manera amó Dios al mundo, que ha dado a su Hijo unigénito, para que todo aquel que en él cree, no se pierda, mas tenga vida eterna». Así que, cualquiera que haya invitado a Cristo en su corazón tiene *vida eterna* con el Padre. Primero, el individuo tiene que reconocer que es posible ser religioso sin ser hijo de Dios. Hay mucha gente que va a la iglesia, dan mucho dinero a la iglesia y hacen buenas obras, sin nunca haber hecho un compromiso con Cristo. Estos piensan que sus buenas obras les llevarán al cielo; eso simplemente no es así.

Segundo, hasta que el individuo busca la ayuda de Dios, Dios no le ayuda. Mucha gente de nuestra sociedad piensa que lo puede hacer todo sin la ayuda de Dios. En esta vida esto es cierto. Pero en la próxima vida encontrarán un juicio esperándoles.

Tercero, cuando un individuo se da cuenta que Dios le puede dar esperanza, se acerca a Dios. Al acercarse a Dios el individuo tiene que darse cuenta de que esta vida no tiene esperanza. Una vez que estamos en una posición sin esperanza, empezamos a buscar las respuestas.

Cuarto, el individuo se percata de que nuestra única esperanza se encuentra en la Biblia. Con frecuencia Jesús conoció individuos religiosos durante su vida terrenal. En un caso en particular habló con un individuo llamado Nicodemo. Este hombre era un maestro de la religión judía. Este vino donde Jesús de noche y le hizo muchas preguntas. Dios nunca se molesta si le hacemos preguntas sinceras. Nicodemo quería saber qué significaba nacer de nuevo. Él no pensaba que podíamos entrar otra vez al vientre de la madre. Estaba en lo correcto. Jesús le dijo lo que significaba realmente nacer otra vez espiritualmente: «para que todo aquel que crea [en el Hijo de Dios] no se pierda, sino que tenga vida eterna» (Juan 3.15).

Cada persona debe entender que está fuera del reino de Dios y que solamente puede entrar creyendo en Cristo. ¿Qué implica esta creencia? En Juan 3.6 leemos: «Lo que es nacido de la carne, carne es, y lo que es nacido del Espíritu, espíritu es». ¿Cómo podemos saber si somos nacidos del Espíritu? Romanos 10.9-10 nos dice «que si confesares con tu boca que Jesús es el Señor, y creyeres en tu corazón que Dios le levantó de los muertos, serás salvo. Porque con el corazón se cree para justicia, pero con la boca se confiesa para salvación».

Si queremos nacer del Espíritu debemos confesar y creer. Debemos confesar que hemos violado las leyes de Dios. Tenemos que admitir que estamos perdidos ante los ojos de Dios. Tenemos que reconocer que no podemos salvarnos a nosotros mismos. Tenemos que creer que Jesús murió en la cruz por nuestros pecados y que fue resucitado para darnos vida eterna en el cielo. Si confesamos y creemos, tenemos la vida eterna. El Rey nos aceptará en su reino eterno en el cielo.

2. ¿Fue nuestro ser amado condenado por el Rey? Vamos a regresar al capítulo tres de Juan otra vez. En el versículo 18 leemos: «El que en él cree, no es condenado; pero el que no cree, ya ha sido condenado, porque no ha creído en el nombre del unigénito Hijo de Dios». Aquí vemos que al creer en Cristo la condenación es quitada del individuo. Solo el no creer es lo que condena a alguien, *ninguna otra cosa*. Juan 3.36 dice que hay un lugar que Dios ha preparado para los que no creen en Él. Solo los que cometen este pecado serán condenados.

3. ¿Puede algo o alguien sacar a un creyente de la mano del Padre? Ahora debemos preguntarnos acerca de nuestro ser querido que ha partido de este mundo. ¿Es alguien que había aceptado a Cristo como su Salvador personal? Hay solo dos que conocen la respuesta: nuestro amado y Dios. Tenemos que dejar a nuestro ser amado en las manos de un Dios santo y justo. Recuerden Juan 10.28-29: «y yo les doy vida eterna; y no perecerán jamás, ni nadie las arrebatará de mi mano. Mi Padre que me las dio, es mayor que todos, y nadie las puede arrebatar de la mano de mi Padre». Una vez que alguien entra a la familia de Dios nunca podrá salir, no importa lo que pase en esta vida.

Conclusión: En un tiempo de tanto dolor y angustia, podemos confiarle a Dios a nuestro ser amado. La pregunta que queda con nosotros es esta: ¿Hemos aceptado nosotros a Cristo como nuestro Salvador personal, para que podamos encontrarnos en el cielo con nuestro amado? Quisiera motivarle a que se comprometa a confesar y creer en el Señor Jesucristo. Solo hay un pecado que no tiene perdón que impedirá nuestra entrada al cielo: no confesar y creer en Cristo Jesús, que murió en la cruz por nuestros pecados, que fue enterrado en una tumba durante tres días y luego resucitó de los muertos. No cometa ese error. Aquí, en medio de la muerte, ¡se nos da la oportunidad de la vida eterna!

Bendición: «No se turbe vuestro corazón; creéis en Dios, creed también en mí. En la casa de mi Padre muchas moradas hay; si así no fuera, yo os lo hubiera dicho; voy, pues, a preparar lugar para vosotros. Y si me fuere y os preparare lugar, vendré otra vez, y os tomaré a mí mismo, para que donde yo estoy, vosotros también estéis». (Juan 14.1-3)

Sermón fúnebre para alguien que no es cristiano

Rev. Richard Sharpe

Decisiones

Nos hemos reunido hoy para honrar la memoria de

_____

(Comentarios personales)

Escritura: Lucas 16.19-31

Introducción: Esta vida está llena de decisiones. Tomamos más de cien cada día. Decidimos a qué hora nos levantamos. Tenemos que decidir la ropa que nos ponemos para el trabajo o para el diario y luego otra para la casa. Tenemos que decidir qué camino tomamos para ir al trabajo, o si vamos al trabajo. Tenemos que atender otras cosas a través de todo el día. Siempre tenemos decisiones ante nosotros. No pasa un solo día que no tengamos que hacerlo. Bien, en este día tenemos que tomar una decisión. La decisión es dónde vamos a pasar la eternidad. Algunos ya hemos decidido. Otros ni siquiera quieren pensar en eso. Pero un día esa va a ser la decisión final. Al reunirnos a honrar a nuestro ser querido, hacemos frente a esta importante pregunta: ¿Dónde voy a pasar la eternidad cuando deje esta vida terrenal?

1. Dos hombres: Leemos en el Evangelio de Lucas acerca de dos hombres. Algunos llaman a esto parábola, pero por lo general las parábolas no usaban nombres propios. Se nos presenta la vívida narración acerca de dos tipos de personas.

A. *Leemos primero acerca de un hombre rico:* «Había un hombre rico, que se vestía de púrpura y de lino fino, y hacía cada día banquete con esplendidez» (v. 19). Aquí aprendemos varias cosas de este hombre: era rico, vestía ropa fina y vivía siempre rodeado de lujo. Era un hombre que poseía todo lo que el dinero puede comprar. Había tomado control de su vida y la vivía al máximo. No tenía preocupaciones desde el punto de vista humano. A todos les gustaría vivir de esa forma. Con frecuencia desearíamos hacer todo lo que quisiéramos e ir a cualquier lugar sin preocuparnos del costo. Este era ese tipo de hombre. Hacía las cosas a su manera. No necesitaba a nadie. Era independientemente rico.

B. *El segundo hombre de la historia se llamaba Lázaro:* «Había también un mendigo llamado Lázaro, que estaba echado a la puerta de aquél, lleno de llagas, y ansiaba saciarse de las migajas que caían de la mesa del rico; y aun los perros venían y le lamían las llagas» (vv. 20-21). También aprendemos varias cosas acerca de este hombre: era un mendigo, no tenía donde vivir sino en la calle, estaba enfermo y lleno de llagas, se satisfacía con las migajas que caían de la mesa del hombre rico, sus únicos amigos eran los perros callejeros que también eran su única ayuda médica. Es un hombre al que nadie quiere parecerse. No tenía nada en la vida. Todos los que le rodeaban le miraban de lejos. No tenía amigos. Cristo narró esta historia para hacerle saber a su gente que hay dos tipos de individuos en el mundo: aquellos que dependen de sí mismos y los que dependen de otros. Este mendigo confiaba en la ayuda y el consuelo de Dios, como podemos saber por lo que sucedió después de su muerte.

2. Dos decisiones: Estos hombres eran diferentes en su estilo de vida y también diferían grandemente en sus decisiones personales. Todos nosotros tenemos que tomar las mismas decisiones.

- A. *Lázaro:* «Aconteció que murió el mendigo, y fue llevado por los ángeles al seno de Abraham; y murió también el rico, y fue sepultado» (v. 22). Lázaro el mendigo murió pero nadie conoce dónde fue sepultado. Fue llevado por los ángeles a un lugar de comodidad, al que se refieren como el seno de Abraham; después nos damos cuenta que Cristo llamó Paraíso a ese lugar (Lucas 23.43). El Paraíso, o seno de Abraham, es el lugar para aquellos que han creído en Jesucristo y le han entregado su vida para estar a salvo del castigo del infierno; Lázaro tomó esa decisión.

- B. *El hombre rico:*

  Aconteció que murió el mendigo, y fue llevado por los ángeles al seno de Abraham; y murió también el rico, y fue sepultado. Y en el Hades alzó sus ojos, estando en tormentos, y vio de lejos a Abraham, y a Lázaro en su seno. Entonces él, dando voces, dijo: Padre Abraham, ten misericordia de mí, y envía a Lázaro para que moje la punta de su dedo en agua, y refresque mi lengua; porque estoy atormentado en esta llama. Pero Abraham le dijo: Hijo, acuérdate que recibiste tus bienes en tu vida, y Lázaro también males; pero ahora éste es consolado aquí, y tú atormentado. Además de todo esto, una gran sima está puesta entre nosotros y vosotros, de manera que los que quisieren pasar de aquí a vosotros, no pueden, ni de allá pasar acá. Entonces le dijo: Te ruego, pues, padre, que le envíes a la casa de mi padre, porque tengo cinco hermanos, para que les testifique, a fin de que no vengan ellos también a este lugar de tormento. Y Abraham le dijo: A Moisés y a los profetas tienen; óiganlos. Él entonces dijo: No, Padre Abraham; pero si alguno fuere a ellos de entre los muertos, se arrepentirán. Mas Abraham le dijo: Si no oyen a Moisés y a los profetas, tampoco se persuadirán aunque alguno se levantare de los muertos. (Lucas 16.22-31)

Entonces el hombre rico también muere. Tiene un funeral y es enterrado. Va a un lugar llamado Hades, o infierno, que es un lugar de tormento. Estando allí, el rico quiere misericordia. Pronto se da cuenta de que después de la muerte, la misericordia no existe. También aprende de Abraham que cuando se trata de aprender sobre la vida después de la muerte, las Escrituras son la única autoridad. Lo más importante que aprendió es que las elecciones tomadas en la vida, afectan nuestra vida eterna. El hombre rico tomó una elección equivocada; ignoró las Escrituras, el libro que nos dirige a Jesús y ¡a la vida eterna!

Conclusión: Cada uno de los que están aquí tiene que hacer una decisión en cuanto a la eternidad. Podemos escoger creer en Cristo, seguirle como Señor, o podemos vivir para nosotros mismos sin esperanza para el futuro. Si escogemos a Jesucristo, entonces tiene que haber un cambio que incluya confesión de pecados y creer en el evangelio de Cristo. Este evangelio nos dice que Cristo murió en la cruz por nuestros pecados, que fue enterrado y que luego resucitó de los muertos para enseñarnos el camino al cielo.

Si quiere más información acerca de esta forma de vida, por favor, hable conmigo al final del servicio.

La segunda decisión es seguir nuestro propio camino como si esta vida fuera lo único que importa. Una vez tomada esta decisión, tenemos que vivir con ella por toda la eternidad. Recuerde que ser rico no significa que no pueda ir al cielo. Hay mucha gente rica que conoce a Cristo. Pero si confiamos en nuestras riquezas o en cualquier otra cosa que no sea Cristo, se podrán encontrar ustedes mismos en un lugar de tormento por la eternidad.

Nuestro amigo, a quien honramos este día, escogió. Dios es justo y misericordioso y solo Él conoce las decisiones que nuestro ser amado tomó. La pregunta para considerar al hacer frente a la realidad de la vida y la muerte es: ¿qué decisión tomaremos nosotros?

Bendición: «Y a aquel que es poderoso para guardaros sin caída, y presentaros sin mancha delante de su gloria con gran alegría, al único y sabio Dios, nuestro Salvador, sea gloria y majestad, imperio y potencia, ahora y por todos los siglos. Amén». (Judas 24-25)

Servicio de entrega en el cementerio

Rev. Mark Hollis

Junto con el sermón fúnebre, el servicio en el cementerio se debe adaptar para el entierro de un cristiano y el de uno que no lo sea. En ocasiones el servicio del cementerio reemplaza al de la funeraria; otras veces, más bien le sigue. Cada una de esas variaciones han sido delineadas.

Servicio de entrega en el cementerio
Después de la funeraria para un cristiano

Ejemplo de orden del servicio

Lectura bíblica

Encomienda

Oración que consuela

Bendición

Ejemplo detallado del servicio

El ministro está frente o al lado del féretro y se dirige a la familia. Estas son las palabras finales antes del entierro y deben estar llenas de esperanza.

Lectura bíblica: «Vi un cielo nuevo y una tierra nueva; porque el primer cielo y la primera tierra pasaron, y el mar ya no existía más. Y yo Juan vi la santa ciudad, la nueva Jerusalén, descender del cielo, de Dios, dispuesta como una esposa ataviada para su marido. Y oí una gran voz del cielo que decía: He aquí el tabernáculo de Dios con los hombres, y él morará con ellos; y ellos serán su pueblo, y Dios mismo estará con ellos como su Dios. Enjugará Dios toda lágrima de los ojos de ellos; y ya no habrá muerte, ni habrá más llanto, ni clamor, ni dolor; porque las primeras cosas pasaron. Y el que estaba sentado en el trono dijo: He aquí, yo hago nuevas todas las cosas. Y me dijo: Escribe; porque estas palabras son fieles y verdaderas. Y me dijo: Hecho está. Yo soy el Alfa y la Omega, el principio y el fin. Al que tuviere sed, yo le daré gratuitamente de la fuente del agua de la vida. El que venciere heredará todas las cosas, y yo seré su Dios, y él será mi hijo». (Apocalipsis 21.1-7)

Nos hemos reunido en este lugar para encomendar al descanso eterno al cuerpo de nuestro ser amado:

«Jehová es mi luz y mi salvación; ¿de quién temeré? Jehová es la fortaleza de mi vida; ¿de quién he de atemorizarme? Una cosa he demandado a Jehová, ésta buscaré: Que esté yo en la casa de Jehová todos los días de mi vida, para contemplar la hermosura de Jehová, y para inquirir en su templo». (Salmo 27.1, 4)

Encomienda: Algunos de los que estamos aquí han disfrutado un maravilloso compañerismo con nuestro fiel hermano (hermana) a través de los años. Atesoramos muchos de esos recuerdos bendecidos y santos que en este momento vienen a nuestra mente. Su fidelidad, amistad y vida consagrada continúa su radiante testimonio en nuestras vidas. Encomendamos su cuerpo al descanso en el nombre de Jesucristo, a quien amó y sirvió, sabiendo que su espíritu está con el Señor en su casa celestial. Al hacerlo, nuestros corazones descansan en la confianza de la seguridad de la resurrección a la vida a través de Jesucristo, «el cual transformará el cuerpo de la humillación nuestra, para que sea semejante al cuerpo de la gloria suya, por el poder con el cual puede también sujetar a sí mismo todas las cosas» (Filipenses 3.21).

Oración para el consuelo: *El ministro puede decir su propia oración o usar la siguiente:*

Padre, nos reunimos en este solemne lugar para recordar la vida y llorar la muerte de nuestro ser amado. No estamos tristes como aquellos que no tienen esperanza, porque nuestra fe está en Jesucristo. Te pedimos que traigas consuelo a cada miembro de la familia y a cada amigo. Que todos sean consolados por tu Palabra, fortalecidos por los recuerdos gratos y sostenidos en la esperanza de la resurrección de todos aquellos que ponen la fe en ti. Amén.

Bendición: «Jehová te bendiga, y te guarde; Jehová haga resplandecer su rostro sobre ti, y tenga de ti misericordia; Jehová alce sobre ti su rostro, y ponga en ti paz». (Números 6.24-26)

Después de la bendición el ministro les da la mano a los miembros inmediatos de la familia.

Servicio de encomienda en el cementerio Después de la funeraria para alguien que no es cristiano

Ejemplo de orden del servicio

Lectura bíblica

Encomienda

Oración para el consuelo

Bendición

Ejemplo detallado del servicio

El ministro está al frente o junto al féretro y se dirige a la familia. Estas son las palabras finales antes del entierro y deben estar llenas de esperanza.

Lectura bíblica: «Todo tiene su tiempo, y todo lo que se quiere debajo del cielo tiene su hora. Tiempo de nacer, y tiempo de morir; tiempo de plantar, y tiempo de arrancar lo plantado; tiempo de matar, y tiempo de curar; tiempo de destruir, y tiempo de edificar; tiempo de llorar, y tiempo de reír; tiempo de endechar, y tiempo de bailar; tiempo de esparcir piedras, y tiempo de juntar piedras; tiempo de abrazar, y tiempo de abstenerse de abrazar; tiempo de buscar, y tiempo de perder; tiempo de guardar, y tiempo de desechar; tiempo de romper, y tiempo de coser; tiempo de callar, y tiempo de hablar; tiempo de amar, y tiempo de aborrecer; tiempo de guerra, y tiempo de paz». (Eclesiastés 3.1-8)

Encomienda: Nos hemos reunido aquí para encomendar al descanso el cuerpo de nuestro ser amado. Aquí está la forma de uno cuyo recuerdo habremos de atesorar. Algunos de nosotros a través de los años disfrutamos de un maravilloso compañerismo con nuestro amado. Disfrutemos ahora de los recuerdos que nos llegan en este momento y que cada uno nos propongamos buscar al Señor con todo nuestro corazón y responder a las oportunidades de salvación que se nos extiende por su gracia.

«Jehová es mi luz y mi salvación; ¿de quién temeré? Jehová es la fortaleza de mi vida; ¿de quién he de atemorizarme?» (Salmo 27.1)

«Así, pues, nosotros, como colaboradores suyos, os exhortamos también a que no recibáis en vano la gracia de Dios. Porque dice: En tiempo aceptable te he oído, y en día de salvación te he socorrido. He aquí ahora el tiempo aceptable; he aquí ahora el día de salvación». (2 Corintios 6.1-2)

«Buscad a Jehová mientras puede ser hallado, llamadle en tanto que está cercano». (Isaías 55.6)

Tierra a la tierra, polvo al polvo. «El Juez de toda la tierra, ¿no ha de hacer lo que es justo?» (Génesis 18.25)

Oración para el consuelo: Padre, nos hemos reunido en este solemne lugar para recordar la vida y llorar la muerte de nuestro ser amado. Te pedimos que consueles a cada miembro de la familia y a cada amigo. Que puedan encontrar fortaleza en tu Palabra, que se animen con los recuerdos felices y que se propongan buscarte en sus corazones mientras puedas ser hallado. Amén.

Bendición: «Jehová te bendiga, y te guarde; Jehová haga resplandecer su rostro sobre ti, y tenga de ti misericordia; Jehová alce sobre ti su rostro, y ponga en ti paz». (Números 6.24-26)

Después de la bendición el ministro dará la mano a los miembros inmediatos de la familia.

Servicio en el cementerio. Encomienda en lugar de la funeraria para un creyente

Ejemplo de orden del servicio

Escritura de apertura   *Encomienda*

Recordación   *Oración para el consuelo*

Lectura de la Escritura   *Bendición*

Ejemplo detallado del servicio

Algunas familias requieren un culto en el cementerio en vez de la capilla o iglesia. Aunque este servicio podría ser más largo que el culto de encomienda típica, recuerde las circunstancias climáticas que podrían inducirle a hacerlo lo más breve posible.

El ministro estará al frente o al lado del féretro y se dirigirá a la familia. Estas son las palabras finales antes del entierro y deben estar llenas de esperanza.

Lectura bíblica de apertura: Nos hemos reunido en este día para honrar la vida y llorar la muerte de nuestro ser amado.

«El eterno Dios es tu refugio, y acá abajo los brazos eternos; Él echó de delante de ti al enemigo, y dijo: Destruye». (Deuteronomio 33.27)

«Jehová es mi pastor; nada me faltará. En lugares de delicados pastos me hará descansar; junto a aguas de reposo me pastoreará.

Confortará mi alma; me guiará por sendas de justicia por amor de su nombre. Aunque ande en valle de sombra de muerte, no temeré mal alguno, porque tú estarás conmigo; tu vara y tu cayado me infundirán aliento. Aderezas mesa delante de mí en presencia de mis angustiadores; unges mi cabeza con aceite; mi copa está rebosando. Ciertamente el bien y la misericordia me seguirán todos los días de mi vida, y en la casa de Jehová moraré por largos días». (Salmo 23.1-6)

«Dios es nuestro amparo y fortaleza, nuestro pronto auxilio en las tribulaciones». (Salmo 46.1)

Recordación: *Escoja una de las siguientes actividades: leer el obituario, expresar recuerdos acerca del fallecido (personal o algo que haya compartido algún familiar), que algún amigo o miembro de la familia diga algo, pídales a los que se hayan congregado que piensen en el recuerdo favorito que tengan del fallecido (¿Qué lo hacía reír? ¿Qué historia le gustaba contar? ¿Qué canción le gustaba cantar?).*

En momentos como este nos consolamos con los recuerdos de nuestro ser amado. A pesar de estar tristes, no nos desesperamos como aquellos que no tienen esperanza. Sabemos que estar ausentes del cuerpo es estar presentes con el Señor.

Lectura bíblica: «Porque si creemos que Jesús murió y resucitó, así también traerá Dios con Jesús a los que durmieron en él. Por lo cual os decimos esto en palabra del Señor: que nosotros que vivimos, que habremos quedado hasta la venida del Señor, no precederemos a los que durmieron. Porque el Señor mismo con voz de mando, con voz de arcángel, y con trompeta de Dios, descenderá del cielo; y los muertos en Cristo resucitarán primero. Luego nosotros los que vivimos, los que hayamos quedado, seremos arrebatados juntamente con ellos en las nubes para recibir al Señor en el aire, y así estaremos siempre con el Señor». (1 Tesalonicenses 4.14-17)

Encomienda: Algunos de los que estamos aquí disfrutamos un maravilloso compañerismo con nuestro fiel hermano (hermana) a través de los años. Atesoramos muchos de esos recuerdos bendecidos y sagrados que en este momento vienen a nuestra mente. Su fidelidad, amistad y vida consagrada continúa su radiante testimonio en nuestras vidas. Encomendamos su cuerpo al descanso en el nombre de Jesucristo, a quien amó y sirvió, sabiendo que su espíritu está con el Señor en su casa celestial. Al hacerlo, nuestros corazones descansan en la confianza de la seguridad de la resurrección a la vida a través de Jesucristo, «el cual transformará el cuerpo de la humillación nuestra, para que sea semejante al cuerpo de la gloria suya, por el poder con el cual puede también sujetar a sí mismo todas las cosas» (Filipenses 3.21).

Oración para el consuelo: *El ministro podrá usar sus propias palabras o decir la siguiente oración:*

Padre, nos reunimos en este solemne lugar para recordar la vida y llorar la muerte de nuestro ser amado. No estamos tristes como aquellos que no tienen esperanza, porque nuestra fe está en Jesucristo. Te pedimos que traigas consuelo a cada miembro de la familia y a cada amigo. Que todos sean consolados por tu Palabra, fortalecidos por los recuerdos gratos y sostenidos en la esperanza de la resurrección de todos aquellos que ponen la fe en ti. Amén.

Bendición: «Jehová te bendiga, y te guarde; Jehová haga resplandecer su rostro sobre ti, y tenga de ti misericordia; Jehová alce sobre ti su rostro, y ponga en ti paz». (Números 6.24-26)

Después de la bendición el ministro dará la mano a los miembros inmediatos de la familia.

Servicio en el cementerio. Encomienda en lugar de la funeraria para alguien que no es creyente

Ejemplo de orden del servicio

Escritura de apertura *Encomienda*

Recordación *Oración para el consuelo*

Lectura de la Escritura *Bendición*

Ejemplo detallado del servicio

El ministro estará al frente o al lado del féretro y se dirigirá a la familia. Estas son las palabras finales antes del entierro y deben estar llenas de esperanza.

Lectura bíblica de apertura: «Jehová es mi pastor; nada me faltará. En lugares de delicados pastos me hará descansar; junto a aguas de reposo me pastoreará. Confortará mi alma; me guiará por sendas de justicia por amor de su nombre. Aunque ande en valle de sombra de muerte, no temeré mal alguno, porque tú estarás conmigo; tu vara y tu cayado me infundirán aliento. Aderezas mesa delante de mí en presencia de mis angustiadores; unges mi cabeza con aceite; mi copa está rebosando. Ciertamente el bien y la misericordia me seguirán todos los días de mi vida, y en la casa de Jehová moraré por largos días». (Salmo 23.1-6)

Recordación: *Escoja una de las siguientes actividades: leer el obituario, expresar recuerdos acerca del fallecido (personal o algo que haya compartido* *algún familiar), que algún amigo o miembro de la familia diga algo, pídales a los que se hayan congregado que piensen en el recuerdo favorito que tengan del fallecido (¿Qué lo hacía reír? ¿Qué historia le gustaba contar? ¿Qué canción le gustaba cantar?).*

Lectura bíblica: «Todo tiene su tiempo, y todo lo que se quiere debajo del cielo tiene su hora. Tiempo de nacer, y tiempo de morir; tiempo de plantar, y tiempo de arrancar lo plantado; tiempo de matar, y tiempo de curar; tiempo de destruir, y tiempo de edificar; tiempo de llorar, y tiempo de reír; tiempo de endechar, y tiempo de bailar; tiempo de esparcir piedras, y tiempo de juntar piedras; tiempo de abrazar, y tiempo de abstenerse de abrazar; tiempo de buscar, y tiempo de perder; tiempo de guardar, y tiempo de desechar; tiempo de romper, y tiempo de coser; tiempo de callar, y tiempo de hablar; tiempo de amar, y tiempo de aborrecer; tiempo de guerra, y tiempo de paz». (Eclesiastés 3.1-8)

Encomienda: Nos hemos reunido aquí para encomendar al descanso el cuerpo de nuestro ser amado. Aquí está la forma de uno cuyo recuerdo habremos de atesorar. Algunos de nosotros a través de los años disfrutamos de un maravilloso compañerismo con nuestro amado. Disfrutemos ahora de los recuerdos que nos llegan en este momento y que cada uno nos propongamos buscar al Señor con todo nuestro corazón y responder a las oportunidades de salvación que se nos extiende por su gracia.

«Jehová es mi luz y mi salvación; ¿de quién temeré? Jehová es la fortaleza de mi vida; ¿de quién he de atemorizarme?». (Salmo 27.1)

«Así, pues, nosotros, como colaboradores suyos, os exhortamos también a que no recibáis en vano la gracia de Dios. Porque dice: En tiempo aceptable te he oído, y en día de salvación te he socorrido. He aquí ahora el tiempo aceptable; he aquí ahora el día de salvación». (2 Corintios 6.1-2)

«Buscad a Jehová mientras puede ser hallado, llamadle en tanto que está cercano». (Isaías 55.6)

Tierra a la tierra, polvo al polvo. «El Juez de toda la tierra, ¿no ha de hacer lo que es justo?» (Génesis 18.25)

Oración para el consuelo: *El ministro puede decir su propia oración o usar la siguiente:*

Padre, nos hemos reunido en este solemne lugar para recordar la vida y llorar la muerte de nuestro ser amado. Te pedimos que consueles a cada miembro de la familia y a cada amigo. Que puedan encontrar fortaleza en tu Palabra, que se animen con los recuerdos felices y que se propongan buscarte en sus corazones mientras puedas ser hallado. Amén.

Bendición: «Jehová te bendiga, y te guarde; Jehová haga resplandecer su rostro sobre ti, y tenga de ti misericordia; Jehová alce sobre ti su rostro, y ponga en ti paz». (Números 6.24-26)

Después de la bendición el ministro dará la mano a los miembros inmediatos de la familia.

Servicio memorial

Frecuentemente el servicio funeral es un tiempo de tristeza y lamento. Aunque también ocurre en el culto memorial o de recordación, este debe inspirar risas y un tiempo de reenfoque. Este culto debe animar a la audiencia a honrar la memoria del ser amado a través de la reflexión en sus propias metas, logros y carácter, haciendo los cambios necesarios.

Ejemplo del orden del servicio de un servicio memorial

Preludio	*Palabras de introducción*
Himno	*Tiempo de recordación*
Lectura bíblica	*Palabras de conclusión*
Música especial	*Oración*
Invocación	*Bendición*

Ejemplo detallado de un servicio memorial

Preludio: *El músico de la iglesia debe tocar algo apropiado. De los himnos que pueden ser incluidos están* La cruz de Jesús, Más allá del sol, Sublime gracia, Alcancé salvación *y* Señor Jesús, la luz del sol se fue. *El ministro debe consultar con la familia para ver si el fallecido tenía algunos himnos favoritos que se podrían usar en este punto.*

Himno: *Cantado por el coro, un solista, la congregación o un grupo selecto.*

Lectura bíblica: ¿No has sabido, no has oído que el Dios eterno es Jehová, el cual creó los confines de la tierra? No desfallece, ni se fatiga con cansancio, y su entendimiento no hay quien lo alcance. Él da esfuerzo al cansado, y multiplica las fuerzas al que no tiene ninguna, pero los que esperan a Jehová tendrán nuevas fuerzas; levantarán alas como las águilas; correrán, y no se cansarán; caminarán, y no se fatigada. (Isaías 40.28-29, 31)

Por lo cual estoy seguro de que ni la muerte, ni la vida, ni ángeles, ni principados, ni potestades, ni lo presente, ni lo por venir, ni lo alto, ni lo profundo, ni ninguna otra cosa creada nos podrá separar del amor de Dios, que es en Cristo Jesús Señor nuestro. (Romanos 8.38-39)

Música especial: *Cantada por el coro, un grupo selecto o solista. Esta música debe ser seleccionada por la familia.*

Invocación: Padre, que tu Espíritu nos guíe mientras reflexionamos en tu obra en la vida de nuestro ser amado y también en la nuestra. En el nombre de Jesús, Amén.

Palabras de introducción: Nos hemos reunido hoy para recordar a _____ no solo para honrarle en su muerte, sino para recordar su vida. Nuestro ser amado no hubiera querido que estuviéramos tristes ni acongojados, sino que recordemos su vida. Tomemos unos momentos para hacer precisamente eso.

El ministro puede llamar al frente primeramente a los miembros de la familia y a los amigos. Un ministro bien equipado siempre debe llevar un paquete de papel facial para ayudar a alguien para que no pase un momento vergonzoso si es sobrecogido por las lágrimas.

Momento de recordación: *Este es el momento para que familiares, amigos y asociados del difunto presenten sus mejores recuerdos.*

Palabras de cierre: *Si el pastor ha sido amigo personal del difunto, este sería el momento de presentar sus propios recuerdos y comentarios. Si no es así, debe concluir:*

Cuando nos detenemos a recordar la vida de _____ ____ nos vemos forzados a reflexionar en la nuestra. ¿Cuáles son nuestras metas? ¿Qué es lo realmente valiosa e importante?

En medio de la multitud de sus seguidores Jesús se dirigió a un hombre y le dijo: «Sígueme. Él le dijo: Señor, déjame que primero vaya y entierre a mi padre. Jesús le dijo: Deja que los muertos entierren a sus muertos; y tú ve, y anuncia el reino de Dios» (Lucas 9.59-60).

Jesús no dijo que descuidáramos el entierro de un ser querido, pero nos enseña lo que es más importante, ¡predicar el reino de Dios! Jesús mismo lloró ante la tumba de Lázaro, ¡pero eso lo motivó a la acción! No podemos enfocarnos mucho tiempo en la muerte, sino que nos debe inspirar a predicar la vida, vida que se encuentra solo en Jesucristo quien dijo: «Yo soy el camino, y la verdad, y la vida; nadie viene al Padre, sino por mí» (Juan 14.6).

Oración: Señor, ayúdanos a saber lo que es importante en esta vida y a vivir solo para ti. Consuela nuestros corazones dolidos y bendice los recuerdos de nuestro ser amado. En el nombre de Jesús, amén.

Bendición: «No temas, porque yo estoy contigo; no desmayes, porque yo soy tu Dios que te esfuerzo; siempre te ayudaré, siempre te sustentaré con la diestra de mi justicia». (Isaías 41.10)

Escrituras fúnebres tradicionales

Deuteronomio 33.27: El eterno Dios es tu refugio, y acá abajo los brazos eternos.

Job 19.25-26: Yo sé que mi Redentor vive, y al fin se levantará sobre el polvo; y después de deshecha esta mi piel, en mi carne he de ver a Dios.

Salmo 23.1-6: Jehová es mi pastor; nada me faltará. En lugares de delicados pastos me hará descansar; junto a aguas de reposo me pastoreará. Confortará mi alma; me guiará por sendas de justicia por amor de su nombre. Aunque ande en valle de sombra de muerte, no temeré mal alguno, porque tú estarás conmigo; tu vara y tu cayado me infundirán aliento. Aderezas mesa delante de mí en presencia de mis angustiadores; unges mi cabeza con aceite; mi copa está rebosando. Ciertamente el bien y la misericordia me seguirán todos los días de mi vida, y en la casa de Jehová moraré por largos días.

Salmo 27.1: Jehová es mi luz y mi salvación; ¿de quién temeré? Jehová es la fortaleza de mi vida; ¿de quién he de atemorizarme?

Salmo 42.11 ¿Por qué te abates, oh alma mía, y por qué te turbas dentro de mí? Espera en Dios; porque aún he de alabarle, salvación mía y Dios mío.

Salmo 46.1-2: Dios es nuestro amparo y fortaleza, nuestro pronto auxilio en las tribulaciones. Por tanto, no temeremos, aunque la tierra sea removida, y se traspasen los montes al corazón del mar.

Salmo 91.1: El que habita al abrigo del Altísimo morará bajo la sombra del Omnipotente.

Isaías 40.28-29, 31: ¿No has sabido, no has oído que el Dios eterno es Jehová, el cual creó los confines de la tierra? No desfallece, ni se fatiga con cansancio, y su entendimiento no hay quien lo alcance. Él da esfuerzo al cansado, y multiplica las fuerzas al que no tiene ningunas… pero los que esperan a Jehová tendrán nuevas fuerzas; levantarán alas como las águilas; correrán, y no se cansarán; caminarán, y no se fatigarán.

Isaías 41.10: No temas, porque yo estoy contigo; no desmayes, porque yo soy tu Dios que te esfuerzo; siempre te ayudaré, siempre te sustentaré con la diestra de mi justicia.

Isaías 43.1-3: Ahora, así dice Jehová, Creador tuyo, oh Jacob, y Formador tuyo, oh Israel: No temas, porque yo te redimí; te puse nombre, mío eres tú. Cuando pases por las aguas, yo estaré contigo; y si por los ríos, no te anegarán. Cuando pases por el fuego, no te quemarás, ni la llama arderá en ti. Porque yo Jehová, Dios tuyo, el Santo de Israel, soy tu Salvador.

Nahum 1.7: Jehová es bueno, fortaleza en el día de la angustia; y conoce a los que en él confían.

Mateo 5.4: Bienaventurados los que lloran, porque ellos recibirán consolación.

Mateo 28.20: …he aquí yo estoy con vosotros todos los días, hasta el fin del mundo.

Juan 11.25: Le dijo Jesús: Yo soy la resurrección y la vida; el que cree en mí, aunque esté muerto, vivirá.

Juan 14.1-6: No se turbe vuestro corazón; creéis en Dios, creed también en mí. En la casa de mi Padre muchas moradas hay; si así no fuera, yo os lo hubiera dicho; voy, pues, a preparar lugar para vosotros. Y si me fuere y os preparare lugar, vendré otra vez, y os tomaré a mí mismo, para que donde yo estoy, vosotros también estéis. Y sabéis a dónde voy, y sabéis el camino. Le dijo Tomás: Señor, no sabemos a dónde vas; ¿cómo, pues, podemos saber el camino? Jesús le dijo: Yo soy el camino, y la verdad, y la vida; nadie viene al Padre, sino por mí.

Juan 14.27: La paz os dejo, mi paz os doy; yo no os la doy como el mundo la da. No se turbe vuestro corazón, ni tenga miedo.

Juan 16.33: Estas cosas os he hablado para que en mí tengáis paz. En el mundo tendréis aflicción; pero confiad, yo he vencido al mundo.

Romanos 8.38-39: Por lo cual estoy seguro de que ni la muerte, ni la vida, ni ángeles, ni principados, ni potestades, ni lo presente, ni lo por venir, ni lo alto, ni lo profundo, ni ninguna otra cosa creada nos podrá separar del amor de Dios, que es en Cristo Jesús Señor nuestro.

1 Corintios 15.51-57: He aquí, os digo un misterio: No todos dormiremos; pero todos seremos transformados, en un momento, en un abrir y cerrar de ojos, a la final trompeta; porque se tocará la trompeta, y los muertos serán resucitados incorruptibles, y nosotros seremos transformados. Porque es necesario que esto corruptible se vista de incorrupción, y esto mortal se vista de inmortalidad. Y cuando esto corruptible se haya vestido de incorrupción, y esto mortal se haya vestido de inmortalidad, entonces se cumplirá la palabra que está escrita: Sorbida es la muerte en victoria. ¿Dónde está, oh muerte, tu aguijón? ¿Dónde, oh sepulcro, tu victoria? ya que el aguijón de la muerte es el pecado, y el poder del pecado, la ley. Mas gracias sean dadas a Dios, que nos da la victoria por medio de nuestro Señor Jesucristo.

2 Corintios 1.3-4: Bendito sea el Dios y Padre de nuestro Señor Jesucristo, Padre de misericordias y Dios de toda consolación, el cual nos consuela en todas nuestras tribulaciones, para que podamos también nosotros consolar a los que están en cualquier tribulación, por medio de la consolación con que nosotros somos consolados por Dios.

2 Corintios 5.1, 6, 8: Porque sabemos que si nuestra morada terrestre, este tabernáculo, se deshiciere, tenemos de Dios un edificio, una casa no hecha de manos, eterna, en los cielos. Así que vivimos confiados siempre, y sabiendo que entre tanto que estamos en el cuerpo, estamos ausentes del Señor pero confiamos, y más quisiéramos estar ausentes del cuerpo, y presentes al Señor.

2 Corintios 12.9: Bástate mi gracia; porque mi poder se perfecciona en la debilidad.

Filipenses 1.21-23: Porque para mí el vivir es Cristo, y el morir es ganancia. Mas si el vivir en la carne resulta para mí en beneficio de la obra, no sé entonces qué escoger. Porque de ambas cosas estoy puesto en estrecho, teniendo deseo de partir y estar con Cristo, lo cual es muchísimo mejor;

Filipenses 3.20-21: Mas nuestra ciudadanía está en los cielos, de donde también esperamos al Salvador, al Señor Jesucristo; el cual transformará el cuerpo de la humillación nuestra, para que sea semejante al cuerpo de la gloria suya, por el poder con el cual puede también sujetar a sí mismo todas las cosas.

1 Tesalonicenses 4.13-18: Tampoco queremos, hermanos, que ignoréis acerca de los que duermen, para que no os entristezcáis como los otros que no tienen esperanza. Porque si creemos que Jesús murió y resucitó, así también traerá Dios con Jesús a los que durmieron en él. Por lo cual os decimos esto en palabra del Señor: que nosotros que vivimos, que habremos quedado hasta la venida del Señor, no precederemos a los que durmieron. Porque el Señor mismo con voz de mando, con voz de arcángel, y con trompeta de Dios, descenderá del cielo; y los muertos en Cristo resucitarán primero. Luego nosotros los que vivimos, los que hayamos quedado, seremos arrebatados juntamente con ellos en las nubes para recibir al Señor en el aire, y así estaremos siempre con el Señor. Por tanto, alentaos los unos a los otros con estas palabras.

2 Timoteo 4.7-8: He peleado la buena batalla, he acabado la carrera, he guardado la fe. Por lo demás, me está guardada la corona de justicia, la cual me dará el Señor, juez justo, en aquel día; y no sólo a mí, sino también a todos los que aman su venida.

Hebreos 13.5: Porque él dijo: No te desampararé, ni te dejaré.

1 Pedro 1.3-9: Bendito el Dios y Padre de nuestro Señor Jesucristo, que según su grande misericordia nos hizo renacer para una esperanza viva, por la resurrección de Jesucristo de los muertos, para una herencia incorruptible, incontaminada e inmarcesible, reservada en los cielos para vosotros, que sois guardados por el poder de Dios mediante la fe, para alcanzar la salvación que está preparada para ser manifestada en el tiempo postrero. En lo cual vosotros os alegráis, aunque ahora por un poco de tiempo, si es necesario, tengáis que ser afligidos en diversas pruebas, para que sometida a prueba vuestra fe, mucho más preciosa que el oro, el cual aunque perecedero se prueba con fuego, sea hallada en alabanza, gloria y honra cuando sea manifestado Jesucristo, a quien amáis sin haberle visto, en quien creyendo, aunque ahora no lo veáis, os alegráis con gozo inefable y glorioso; obteniendo el fin de vuestra fe, que es la salvación de vuestras almas.

1 Juan 3.2: Amados, ahora somos hijos de Dios, y aún no se ha manifestado lo que hemos de ser; pero sabemos que cuando él se manifieste, seremos semejantes a él, porque le veremos tal como él es.

Apocalipsis 7.13-17: Entonces uno de los ancianos habló, diciéndome: Estos que están vestidos de ropas blancas, ¿quiénes son, y de dónde han venido? Yo le dije: Señor, tú lo sabes. Y él me dijo: Estos son los que han salido de la gran tribulación, y han lavado sus ropas, y las han emblanquecido en la sangre del Cordero. Por esto están delante del trono de Dios, y le sirven día y noche en su templo; y el que está sentado sobre el trono extenderá su tabernáculo sobre ellos. Ya no tendrán hambre ni sed, y el sol no caerá más sobre ellos, ni calor alguno; porque el Cordero que está en medio del trono los pastoreará, y los guiará a fuentes de aguas de vida; y Dios enjugará toda lágrima de los ojos de ellos.

Apocalipsis 14.13: Oí una voz que desde el cielo me decía: Escribe: Bienaventurados de aquí en adelante los muertos que mueren en el Señor. Sí, dice el Espíritu, descansarán de sus trabajos, porque sus obras con ellos siguen.

Himnos fúnebres tradicionales

Durmiendo en Jesús, Margaret MacKay/William B. Bradbury; dominio público.

Señor Jesús, la luz del sol se fue, Henry F. Lyte/William H. Monk; dominio público.

En el corazón de Dios, Cleland McAfee; dominio público.

Dios, nuestro auxilio en los pasados siglos, Isaac Watts/William Croft; dominio público.

Bellas mansiones, Ira Stanphill, 1949.

El fiel Consolador, Frank Bottome/William J. Kirkpatrick; 1890.

Dedicaciones

Dedicación de un niño o infante

Rev. Richard Sharpe

La dedicación es raramente el momento central de un servicio de adoración. Con más frecuencia ocurre al final del servicio. En un servicio de adoración en que se dedica a un niño o infante el ministro querrá predicar sobre el tema de la niñez, la crianza de los hijos o la participación de la iglesia en los mismos. El siguiente es un bosquejo de ejemplo que se podría usar, seguido de un orden de servicio para el acto de dedicación.

Un regalo asombroso

Escritura: Deuteronomio 6.4-9

Oye, Israel: Jehová nuestro Dios, Jehová uno es. Y amarás a Jehová tu Dios de todo tu corazón, y de toda tu alma, y con todas tus fuerzas. Y estas palabras que yo te mando hoy, estarán sobre tu corazón; y las repetirás a tus hijos, y hablarás de ellas estando en tu casa, y andando por el camino, y al acostarte, y cuando te levantes. Y las atarás como una señal en tu mano, y estarán como frontales entre tus ojos; y las escribirás en los postes de tu casa, y en tus puertas.

Introducción: En este momento tengo cinco nietos. He visto a tres de ellos ser dedicados al Señor. Todos mis hijos fueron dedicados al Señor cuando eran pequeños. Todos mis hijos han aceptado a Cristo como su Salvador personal. Todos mis hijos tienen cónyuges cristianos. Ese no es el caso con todos los niños que son dedicados al Señor, pero la importancia de que los padres les den un buen comienzo a sus hijos no se puede medir por los estándares humanos. Dios quiere que entendamos que los hijos son un regalo de Él. Son un regalo asombroso. ¿Qué vamos a hacer con ese regalo?

1. Nuestra responsabilidad es serle fiel al Señor. La primera responsabilidad de los padres es amar al Señor con todo su corazón, toda su alma y todas sus fuerzas. ¿Qué significa eso? Significa que antes que un padre pueda dedicar su hijo al Señor primero tiene él mismo que amar al Señor. Muchos padres viven siguiendo la corriente de su cristianismo. Hacen lo que el resto de la congregación espera de ellos. Traen sus niños para ser dedicados porque es la tradición. El problema es que esto es una tradición bíblica y la Biblia establece algunas reglas acerca de la dedicación de los niños. La primera es que los padres tienen que estar bien con Dios. Ellos tienen que estar estudiando la Palabra de Dios con diligencia, orando, ayudando, adorando, sirviendo y practicando las disciplinas de la fe. Deben hacerlo porque Dios es digno de su amor y su adoración. Sus ojos deben estar enfocados en el Señor.

2. Nuestra responsabilidad es ser ejemplo del Señor. En segundo lugar, los padres tienen que ser un ejemplo para sus hijos. Ellos son los llamados a cantar alabanzas al Señor no solo en la iglesia, sino en sus hogares. Ellos deben ser los que estudien la Biblia por sí mismos y luego celebrar devocionales junto con los hijos. Ellos deben asistir a la iglesia regularmente con una actitud alegre. Deben dar de su dinero a la iglesia con una sonrisa en sus labios. Algunos padres son un buen ejemplo de lo que significa ser cristiano el domingo, pero los que dedican sus hijos deben servir a Dios el resto de la semana también. He conocido a muchos padres que dicen que no obligan a sus hijos a ir a la iglesia porque ellos fueron forzados. Quieren que sus hijos decidan cuando crezcan y puedan escoger por sí mismos. Esto presenta un problema: habrán pasado dieciocho años sin que nunca hayan pisado una iglesia. ¿Cuál será, entonces, la decisión obvia? ¿Ir a la iglesia o quedarse durmiendo? Por lo general será lo último. Nosotros les enseñamos a nuestros hijos a comer, dormir y muchas otras cosas. Su eternidad dependerá del ejemplo que le hayamos dado mientras son pequeños. Si nunca tienen un ejemplo durante su juventud, tampoco tomarán la decisión adecuada cuando lleguen a la vida adulta.

3. Nuestra responsabilidad es ser los entrenadores de nuestros hijos para el Señor. El pasaje de hoy nos dice que tenemos que entrenar a nuestros hijos en todo tiempo de nuestra vida:

A. Entrenarlos cuando están sentados.

B. Entrenarlos cuando están caminando.

C. Entrenarlos cuando están acostados.

D. Entrenarlos con la Palabra de Dios en sus manos.

E. Entrenarlos con la Palabra de Dios ante sus ojos.

F. Entrenarlos con la Palabra de Dios escrita en otras cosas en el hogar.

¿Piensa usted que este pasaje nos da tiempo libre para entrenar a nuestros niños? Existen muchas herramientas para entrenar a nuestros niños. Tenemos que tener un plan desde que nacen hasta que se van del hogar. Sin un plan, nunca serán entrenados y el enemigo trabajará en sus vidas.

4. Nuestra responsabilidad es mantener al Señor siempre delante de sus ojos. No debe pasar un solo día sin que ayudemos a nuestros hijos a entender mejor al Señor. No debe pasar un solo día sin que aprendamos algunas cosas nuevas sobre el Señor. Debemos tomar nuestra cruz cada día y seguir al Señor. Nuestra primera responsabilidad es con nuestro cónyuge y nuestros hijos. Ellos son nuestro primer campo misionero. Si perdemos a nuestra familia sufriremos angustias. Líbrese de esas angustias y haga todo lo que pueda para ser el ejemplo que debe ser y entrene a sus hijos. El resultado final está en las manos del Señor, pero debemos hacer todo lo posible para dirigirlos hacia Él.

Conclusión: Algunas preguntas para considerar:

1. ¿Ama al Señor con todo su corazón, su alma y todas sus fuerzas?
2. ¿Quiere entrenar a sus hijos para que amen al Señor?
3. ¿Tiene un plan para su entrenamiento?
4. ¿Les da un buen ejemplo para que le sigan?
5. ¿Conoce las doctrinas de la Biblia?
6. ¿Conoce las disciplinas de la fe?
7. ¿Conoce los libros de la Biblia?
8. ¿Tiene un tiempo para el devocional privado?
9. ¿Tiene un tiempo devocional con su cónyuge?
10. ¿Tiene un tiempo devocional con la familia?
11. ¿Ayudará esta congregación a esta pareja a ser los mejores ejemplos posibles?

12. ¿Orará esta congregación por esta pareja y sus niños de este día en adelante?

13. ¿Orará esta congregación por la salvación temprana de este niño?

14. ¿Orará esta congregación para que este niño se case con una persona salvada?

15. ¿Ayudará esta congregación en el entrenamiento de este niño?

Ejemplo de bosquejo de servicio de dedicación de un niño o infante

Al llegar a la conclusión del servicio el ministro podría hacer una invitación a los padres que quieren dedicarse a la crianza escritural, por los hijos que se hayan desviado, o por cualquier necesidad general. Después de la invitación el ministro llamará a los padres al frente con su niño.

Reconocer a los padres o guardianes y al niño

Votos de dedicación

Lectura bíblica

Oración de dedicación

Himno o bendición

Certificado de dedicación

Ejemplo detallado de un servicio de dedicación de un niño o infante

Reconocer a los padres o guardianes y al niño: *El ministro debe estar seguro de señalar si son los padres, los abuelos u otra persona quien va a dedicar al niño. También debe señalar si habrá algunos otros familiares que vienen a presenciar la dedicación.*

Hermanos y hermanas presentes, hoy la señora *primer nombre* y el señor *primer nombre* han venido reconociendo y profesando su dependencia del Señor para la crianza de su niño *nombre completo del pequeño*.

Si la familia lo desea, el ministro puede presentar a la familia extendida y reconocer su participación en la dedicación.

Votos de dedicación

Ministro: Padres (o guardianes), ¿vienen ustedes profesando a Jesucristo como el Señor y Salvador de sus vidas?

Padres: Lo profesamos.

Ministro: ¿Y vienen ustedes para dedicarse a la instrucción bíblica, la disciplina y el amor por este niño?

Padres: Sí, lo haremos.

Ministro: ¿Vienen a dedicar a *nombre del niño* a la completa voluntad y control de Dios a través de Jesucristo?

Padres: Sí, lo haremos.

El ministro mira de frente a la congregación: Iglesia, ¿se comprometen ustedes a apoyar a estos padres (guardianes) a través de su ejemplo y actos de servicio; están de acuerdo en reforzar la enseñanza bíblica, la disciplina y a amar a este niño bajo la suprema dirección de nuestro Señor Jesucristo? Si es así, pueden señalarlo poniéndose de pie.

En este punto los miembros de la congregación se ponen de pie.

Ministro: Pueden sentarse.

Lectura bíblica: Oye, Israel: Jehová nuestro Dios, Jehová uno es. Y amarás a Jehová tu Dios de todo tu corazón, y de toda tu alma, y con todas tus fuerzas. Y estas palabras que yo te mando hoy, estarán sobre tu corazón; y las repetirás a tus hijos, y hablarás de ellas estando en tu casa, y andando por el camino, y al acostarte, y cuando te levantes. Y las atarás como una señal en tu mano, y estarán como frontales entre tus ojos; y las escribirás en los postes de tu casa, y en tus puertas (Deuteronomio 6.4-9).

Instruye al niño en su camino, y aun cuando fuere viejo no se apartará de él (Proverbios 22.6).

Oración de dedicación: *En este punto, algunos ministros querrán tomar al niño en sus brazos. O, si el niño es más grande, se puede inclinar y poner su mano sobre la cabeza del niño o tomar su mano. También podría ser que la familia se arrodille junta en el altar para la oración de dedicación.*

Padre, traemos ante ti a este niño con todo nuestro corazón, nuestra alma y nuestras fuerzas. Queremos criarlo para que te ame y te sirva. Por favor, ayúdanos a ser la congregación y los padres que le den un buen ejemplo para que este niño te ame y te sirva toda su vida. Oramos en el nombre de Jesús, amén.

Himno de cierre o bendición

Certificado de dedicación: *El ministro puede entregar el certificado de dedicación a los padres inmediatamente después de la dedicación. Si es así, en este punto debe permitir que se tome una fotografía del niño con sus padres para el boletín de la iglesia y para los padres.*

Servicio de confirmación

Los servicios de confirmación varían mucho entre las denominaciones. En la Iglesia Presbiteriana el bautismo y la confirmación de la membresía son aprobados por los representantes de la congregación y los diáconos electos gobernantes, que son laicos ordenados. En la Iglesia Metodista el bautismo y la confirmación de membresía son aprobados por el pastor o ministro de la iglesia. En la Iglesia Episcopal, el párroco o sacerdote local puede bautizar a los individuos, pero la confirmación y la membresía solo pueden ser facilitadas por el obispo. Si el candidato para la confirmación no ha sido bautizado, podría ser bautizado y confirmado en el mismo servicio. El siguiente es un ejemplo general de un servicio que podría ser adaptado para que se ajuste a cualquier congregación.

Ejemplo de orden del servicio de confirmación

Presentación del candidato para confirmación

Palabras para el candidato para confirmación

Oración de dedicación

Palabras para el miembro confirmado

Bendición, himno u oración

Ejemplo detallado de un servicio de confirmación

Presentación del candidato a la confirmación: Al final del servicio de adoración, un diácono o el ministro debe llamar al candidato a la confirmación para que se levante y pase al frente; el oficiante deberá decir:

Amados, ahora vamos a recibir a _____
para la confirmación de su bautismo. Ha sido recibido en la membresía comunicante de la iglesia; ha recibido instrucción en la iglesia y ahora está listo para declarar su fe públicamente, y para unirse a nosotros en el ministerio de Jesucristo.

Palabras para el candidato a la confirmación: El ministro debe dirigirse al candidato y decir:

Hijo de Dios, en el bautismo fuiste sellado y se te dio la señal de tu unión con Jesucristo. En toda su santidad y bondad Dios te ha cuidado y guardado. Ahora has llegado a la edad en que reconoces estas cosas, entendiendo completamente el evangelio de Cristo Jesús. Ahora quieres venir delante de Dios y la iglesia para reconocer esas cosas. Quieres públicamente profesar tu fe en el Señor Jesucristo, entregándote completamente a Él y a su servicio, así como Él dijo: «A cualquiera, pues, que me confiese delante de los hombres, yo también le confesaré delante de mi Padre que está en los cielos» (Mateo 10.32).

El ministro deberá hacer varias preguntas al candidato:

En algunas tradiciones, al candidato se le lee el Credo de los apóstoles para que afirme sus creencias.

Ministro: ¿Crees en Dios, Padre todopoderoso, Creador del cielo y la tierra, y en Jesucristo, su Hijo Unigénito, Señor nuestro?

Candidato: Sí, creo.

Ministro: ¿Prometes ser un discípulo fiel de Jesucristo, a través del poder del Espíritu Santo, mostrando su amor y obedeciendo su palabra?

Candidato: Sí, lo prometo.

Ministro: ¿Confirmas los votos que hiciste durante el bautismo?

Candidato: Sí, lo confirmo.

Ministro: ¿Pones toda tu confianza, en humildad y fe, en las manos de nuestro Dios misericordioso, a través de Jesucristo?

Candidato: Sí, la pongo.

Ministro: ¿Te entregas a ti mismo para ser mayordomo de la gracia que te ha sido dada, compartiendo fielmente en la adoración y el servicio a Jesucristo y su iglesia? ¿Darás generosamente según Dios te prospere? ¿Entregarás tu ser entero a la adoración y el servicio a Jesucristo y su reino en toda la tierra?

Candidato: Si, lo prometo.

Oración de dedicación: En la presencia de estos testigos, pública- mente confirmo tu fe; así que vamos a unirnos en oración delante de Dios.

Dios todopoderoso, te pedimos que fortalezcas a tu siervo. Bendícele abundantemente con tu Espíritu Santo. Aumenta su entendimiento, su celo y su amor por ti. Cúbrelo con tu misericordia y gracia por toda la eternidad. Oramos en el nombre de Jesús. Amén.

Frecuentemente hay varios candidatos a la confirmación: si es así, el ministro podría poner su mano sobre la cabeza de cada uno, orando:

Señor, guarda a tu siervo en tu gracia para que crezca en conocimiento, obediencia, celo y amor en tu Santo Espíritu día a día hasta el día de nuestro Señor Jesucristo. Amén.

Palabras para el miembro de la iglesia confirmado: *El ministro pedirá que la congregación se ponga de pie y dirá:*

Ahora, habiendo confesado su fe yo, en el nombre del Señor Jesucristo, te recibo en la comunión de la iglesia como miembro confirmado: «Si, pues, coméis o bebéis, o hacéis otra cosa, hacedlo todo para la gloria de Dios» (1 Corintios 10.31).

Ahora te comisiono como Cristo comisionó a sus discípulos: «Por tanto, id, y haced discípulos a todas las naciones, bautizándolos en el nombre del Padre, y del Hijo, y del Espíritu Santo; enseñándoles que guarden todas las cosas que os he mandado; y he aquí yo estoy con vosotros todos los días, hasta el fin del mundo». Amén. (Mateo 28.19, 20)

Bendición, himno u oración: *El ministro puede usar el pasaje que precede como su bendición de conclusión, o puede escoger otro pasaje para la bendición, o puede concluir con un himno apropiado o una oración.*

Dedicación de un edificio

Dr. Melvin Worthington

**Ejemplo de un orden de servicio
para la dedicación de un edificio**

Preludio

Bienvenida

Himno

Oración

Música especial

Himno

Reconocimientos especiales

Saludos de la comunidad

Saludos de la denominación

Historia de la iglesia

Música especial

Sermón

Acto de dedicación

Oración de dedicación

Bendición

Postludio

Ejemplo detallado de un orden de servicio para la dedicación de un edificio

Preludio: *Los músicos deben tocar selecciones apropiadas de himnos relacionados a la ocasión. Las selecciones podrían incluir:* Castillo fuerte es nuestro Dios, Oh tu fidelidad, Guárdame gran Jehová, Dios, nuestro auxilio en los pasados siglos *y* Cuán grande es Él.

Saludos y bienvenida: *La familia de la fe y los amigos deben recibir el saludo y la bienvenida en este punto.*

Himno: *La selección de himnos puede incluir:* Pastoréanos, Jesús amante; Es Jesús mi amante guía; Jubilosos, te adoramos.

Música especial: *La música especial puede ser presentada por el coro, un solista, un dúo o un cuarteto. Las selecciones pueden incluir* Oh tu fidelidad.

Himno: *Más himnos se pueden seleccionar para este segmento.*

Reconocimientos especiales: *Los miembros fundadores, los funcionarios de la ciudad, los oficiales denominacionales, los miembros del comité de construcción, el arquitecto, el diseñador de interiores, el contratista y los oficiales de las instituciones financieras deben ser reconocidos.*

Música especial: *La música especial puede ser presentada por un coro, solistas, un dúo o un cuarteto.*

Sermón sugerido: *Al ministro frecuentemente se le pide oficiar la dedicación de edificios; el edificio a dedicar puede ser un negocio secular, un centro de misiones, un refugio para indigentes, un edificio de la iglesia, etc. Si tiene el tiempo para presentar un sermón o lección corta, se debe enfocar en el lugar que este edificio en particular ocupa en el reino de Dios, en la obra de* *la iglesia. El siguiente es un ejemplo que podría ser usado en esa ocasión, ajustado a la dedicación de un edificio relacionado con el ministerio.*

La iglesia de Cristo

Escritura: Mateo 16.13-20

Introducción: Nuestro concepto de la iglesia debe estar fundamentado en las verdades de la Biblia. Demasiadas veces el modelo para la iglesia está basado en uno educacional, militar o corporativo. El modo bíblico enfatiza la familia, el compañerismo, el cuerpo, el edificio y la Novia.

1. El significado que define la iglesia. Lo que llamamos iglesia implica la visión que tenemos sobre ella. La palabra *iglesia* es usada por lo menos en tres formas en el Nuevo Testamento. Se usa para designar *la iglesia del Señor* como el cuerpo de Cristo, un edificio y la Novia. Eso se refiere a lo que algunos llaman el cuerpo invisible de Cristo. Todo creyente es miembro de la iglesia del Señor. El término también *describe la iglesia local*. En las epístolas y Hechos, los escritores se refieren a las iglesias locales por su localización geográfica. Los capítulos 2 y 3 de Apocalipsis describen siete iglesias locales de Asia Menor. La palabra también puede denotar *la iglesia más grande*. Ese parece ser el sentido usado en Hechos 15. Aparentemente no todos los creyentes de Corinto parecen reunirse en el mismo lugar geográfico, sino en hogares esparcidos alrededor de la ciudad.

2. Las metáforas que describen la iglesia. Pablo usa el término *cuerpo* para describir la iglesia. Él les recuerda a los creyentes corintios que solo hay un cuerpo y muchos miembros. Enfatiza la unidad, el desprendimiento y entendimiento del cuerpo. Pedro usa el término *edificio* para describir la iglesia. Así como hay un solo edificio y muchas habitaciones, solo hay una iglesia y muchos miembros. Juan usa el término *novia* para describir la iglesia. Pablo también usa el término para designar la naturaleza de la iglesia. Esta será adornada como una novia, hermosa y sin mancha.

3. Los ministerios que denotan la iglesia. ¿Qué debe hacer la iglesia? La comisión que Cristo dio en los evangelios llama al *evangelismo*. La iglesia tiene la solemne responsabilidad y suficientes recursos para compartir el evangelio con todas las naciones. La comisión de Cristo llama a la iglesia a ocuparse en la *educación*. Habiendo compartido el evangelio, la iglesia debe enseñar a los que han creído todas las cosas que Jesús enseñó. Eso es educación. La *edificación* permanece como un componente clave del ministerio de la iglesia. El pastor-maestro tiene una responsabilidad única de edificar a los creyentes para que puedan hacer la obra del ministerio eficazmente. *Equipar* a los santos demanda los mejores esfuerzos de la iglesia. Los creyentes necesitan ser provistos adecuadamente para que puedan hacer la obra del ministerio con osadía. En el ministerio de la iglesia se le debe dar un lugar significativo al *establecimiento*. Los creyentes necesitan ser bien enseñados en lo que deben creer, por qué lo creen y cómo defender lo que creen. *Animar* a los creyentes casi siempre es descuidado por nuestro afán de alcanzar a otros. Dos de los viajes misioneros de Pablo fueron para animar a los creyentes.

4. El mensaje que distingue a la iglesia. La iglesia tiene un mensaje único de *salvación, de santificación, de separación, de mayordomía* y *de servicio*. El mensaje de la iglesia ha sido divinamente revelado. Este abarca la entera responsabilidad de los seres humanos.

5. La motivación que mueve a la iglesia. La iglesia es movida por dos factores motivantes principales: el amor y la lealtad. El más grande de los mandamientos es amar al Señor. Muy afín al amor es la lealtad. A través de la Biblia se les da un gran énfasis a la lealtad y al amor como motivación para un servicio fiel.

6. La membresía que delinea la iglesia. La iglesia está compuesta por aquellos que han sido redimidos, aquellos cuyas vidas han sido cambiadas por el evangelio. La membresía de la iglesia es increíblemente importante.

Conclusión: Tenemos que revisar el concepto bíblico de la iglesia para que cada edificio que se dedica a la obra del reino de Dios y cada persona involucrada cumplan su propósito para la gloria de Dios. Cristo va a edificar su iglesia y las puertas del infierno no prevalecerán contra ella.

Acto de dedicación

Ministro: Hermanos, hermanas y amigos: Nos hemos reunido para dedicar este edificio a Dios como un lugar que se usará para la causa del evangelio, como un lugar dedicado al servicio a Dios y a su reino eterno. Para la gloria de Dios, nuestro Padre, para el honor de Jesucristo, el Hijo del Dios viviente y nuestro Señor y Salvador; para la gloria del Espíritu Santo, fuente de vida y luz.

Gente: Dedicamos este edificio.

Ministro: Este edificio y la gente dentro del mismo se dedicarán al servicio del Señor; vivirán vidas dignas del evangelio al que han sido llamados.

Gente: Dedicamos este edificio.

Si el edificio es una iglesia o una instalación específicamente para el ministerio, se puede añadir lo siguiente:

Ministro: Para las labores misioneras en casa y afuera; para el evangelismo mundial y la educación, hasta que todos los reinos de este mundo se conviertan en el reino de nuestro Señor y su Cristo; para la reforma de los males sociales, hasta que toda la sociedad humana sea transformada por el poder del evangelio.

Gente: Dedicamos este edificio.

Ministro: En recuerdo agradecido de todos los que amaron y sirvieron al reino; con corazones sensibles por todos aquellos que partieron de esta habitación terrenal; una ofrenda de gracias y alabanza de libre voluntad.

Gente: Dedicamos este edificio.

Ministro: ¿Ofrecen este edificio a Dios para ser usado para adorar a Dios y para edificar su reino entre los hombres?

Gente: Lo hacemos con toda sinceridad, con amor a Dios y fe en el Señor Jesucristo.

Oración de dedicación: *Esta oración puede ser dicha por el ministro, el diácono o alguien previamente designado. La congregación se unirá al ministro después de la oración y dirá:*

«Así sea, Señor Jesús. Gloria a Dios por siempre y siempre. Amén».

Bendición: Y a Aquel que es poderoso para hacer todas las cosas mucho más abundantemente de lo que pedimos o entendemos, según el poder que actúa en nosotros, a él sea gloria en la iglesia en Cristo Jesús por todas las edades, por los siglos de los siglos. Amén. (Efesios 3.20-21)

Y el Dios de paz que resucitó de los muertos a nuestro Señor Jesucristo, el gran pastor de las ovejas, por la sangre del pacto eterno, os haga aptos en toda obra buena para que hagáis su voluntad, haciendo él en vosotros lo que es agradable delante de él por Jesucristo; al cual sea la gloria por los siglos de los siglos. Amén. (Hebreos 13.20-21)

Dedicación de un hogar

Dr. Melvin Worthington

Un ejemplo de orden del servicio para la dedicación de un hogar

Himno

Lectura bíblica

Encargo

Oración de dedicación

Bendición

Ejemplo detallado del orden del servicio para la dedicación de un hogar

Himno: *El ministro podría leer la letra de algunos himnos relacionados con el hogar. La selección de himnos podría incluir:* Danos un bello hogar, Un feliz hogar *y* Familia feliz.

Lectura bíblica: Ahora, pues, temed a Jehová, y servidle con integridad y en verdad; y quitad de entre vosotros los dioses a los cuales sirvieron vuestros padres al otro lado del río, y en Egipto; y servid a Jehová. Y si mal os parece servir a Jehová, escogeos hoy a quién sirváis; si a los dioses a quienes sirvieron vuestros padres, cuando estuvieron al otro lado del río, o a los dioses de los amorreos en cuya tierra habitáis; pero yo y mi casa serviremos a Jehová. Entonces el pueblo respondió y dijo: Nunca tal acontezca, que dejemos a Jehová para servir a otros dioses; porque Jehová nuestro Dios es el que nos sacó a nosotros y a nuestros padres de la tierra de Egipto, de la casa de servidumbre; el que ha hecho estas grandes señales, y nos ha guardado por todo el camino por donde hemos andado, y en todos los pueblos por entre los cuales pasamos. Y Jehová arrojó de delante de nosotros a todos los pueblos, y al amorreo que habitaba en la tierra; nosotros, pues, también serviremos a Jehová, porque él es nuestro Dios. (Josué 24.14-18)

Si Jehová no edificare la casa, en vano trabajan los que la edifican; si Jehová no guardare la ciudad, en vano vela la guardia. Por demás es que os levantéis de madrugada, y vayáis tarde a reposar, y que comáis pan de dolores; pues que a su amado dará Dios el sueño. He aquí, herencia de Jehová son los hijos; cosa de estima el fruto del vientre. Como saetas en mano del valiente, así son los hijos habidos en la juventud. Bienaventurado el hombre que llenó su aljaba de ellos; no será avergonzado cuando hablare con los enemigos en la puerta. (Salmo 127.1-5)

Casadas, estad sujetas a vuestros maridos, como conviene en el Señor. Maridos, amad a vuestras mujeres, y no seáis ásperos con ellas. Hijos, obedeced a vuestros padres en todo, porque esto agrada al Señor. Padres, no exasperéis a vuestros hijos, para que no se desalienten. (Colosenses 3.18-21)

Encargo

Ministro: Dios ha provisto esta hermosa casa. Esta casa es el hogar que Dios le ha dado a la familia. Cada miembro de la familia que aquí vive tiene un papel único, responsabilidades y relaciones.

¿Procurará cada uno de ustedes encontrar, seguir y cumplir la voluntad de Dios y, con todo su corazón, obedecer los preceptos de la santa Palabra de Dios?

Familia: Lo haremos, con la ayuda de Dios.

Ministro: ¿Reconocen ustedes, como sus mayordomos, que Dios es dueño de esta casa y prometen manejar fielmente este hogar que Dios ha puesto bajo su cuidado?

Familia: Lo prometemos, con la ayuda de Dios.

Oración de dedicación: *El ministro o un miembro de la familia pueden hacer esta oración de dedicación.*

Bendición: Y el mismo Dios de paz os santifique por completo; y todo vuestro ser, espíritu, alma y cuerpo, sea guardado irreprensible para la venida de nuestro Señor Jesucristo. Fiel es el que os llama, el cual también lo hará. La gracia de nuestro Señor Jesucristo sea con vosotros. Amén. (1 Tesalonicenses 5.23-24, 28).

Servicio de colocación de la piedra fundamental

Dr. Melvin Worthington

Un servicio de colocación de la primera piedra normalmente se realiza en el terreno donde se construirá la iglesia o edificio educativo. Con frecuencia se invitan a los líderes de la comunidad a ese servicio especial.

Ejemplo de orden del servicio para un servicio de colocación de la piedra fundamental

Himno

Lectura bíblica

Oración

Reconocimientos especiales

Música especial

Sermón

Colocación de la primera piedra

Himno

Bendición

Ejemplo detallado de un servicio de colocación de la piedra fundamental

Himno: *Algunas selecciones especiales que se pueden usar incluyen:* Cuán firme cimiento, América será para Cristo y La familia de Dios.

Lectura bíblica: ¡Cuán amables son tus moradas, oh Jehová de los ejércitos! Anhela mi alma y aun ardientemente desea los atrios de Jehová; mi corazón y mi carne cantan al Dios vivo. Aun el gorrión halla casa, y la golondrina nido para sí, donde ponga sus polluelos, cerca de tus altares, oh Jehová de los ejércitos, Rey mío, y Dios mío. Bienaventurados los que habitan en tu casa; Perpetuamente te alabarán. Bienaventurado el hombre que tiene en ti sus fuerzas, en cuyo corazón están tus caminos. Atravesando el valle de lágrimas lo cambian en fuente, cuando la lluvia llena los estanques. Irán de poder en poder; verán a Dios en Sion. Jehová Dios de los ejércitos, oye mi oración; escucha, oh Dios de Jacob. Mira, oh Dios, escudo nuestro, y pon los ojos en el rostro de tu ungido. Porque mejor es un día en tus atrios que mil fuera de ellos. Escogería antes estar a la puerta de la casa de mi Dios, que habitar en las moradas de maldad. Porque sol y escudo es Jehová Dios; gracia y gloria dará Jehová. No quitará el bien a los que andan en integridad. Jehová de los ejércitos, dichoso el hombre que en ti confía. (Salmo 84.1-12)

Yo me alegré con los que me decían: A la casa de Jehová iremos. Nuestros pies estuvieron dentro de tus puertas, oh Jerusalén. Jerusalén, que se ha edificado como una ciudad que está bien unida entre sí. Y allá subieron las tribus, las tribus de JAH, conforme al testimonio dado a Israel, para alabar el nombre de Jehová. Porque allá están las sillas del juicio, los tronos de la casa de David. Pedid por la paz de Jerusalén; sean prosperados los que te aman. Sea la paz dentro de tus muros, y el descanso dentro de tus palacios. Por amor de mis hermanos y mis compañeros diré yo: La paz sea contigo. Por amor a la casa de Jehová nuestro Dios Buscaré tu bien. (Salmo 122.1-9)

Oración: *Esta oración puede ser ofrecida por el pastor, el presidente del comité de construcción, el presidente de los síndicos, el presidente de la junta de diáconos o por alguien previamente designado.*

Reconocimientos especiales: *Representantes de la compañía constructora, de las instituciones bancarias, de la ciudad y de la denominación.*

Música especial: *Las selecciones musicales especiales pueden ser presentadas por un coro, dúo, cuarteto, solista o toda la congregación. Los himnos apropiados incluyen:* Grande es tu fidelidad, Castillo fuerte, La familia de Dios *y* Firmes y adelante.

Sermón: *Aquí también se puede presentar el sermón sugerido para la dedicación del edificio.*

Colocación de la primera piedra

El ministro o una persona designada dirá:

Nos regocijamos juntos al romper el terreno para colocar la primera piedra de un edificio que se levantará para la gloria de Dios. Oramos para que este lugar sea realmente un suelo santo donde podamos encontrar la zarza ardiente de la revelación y la bendición de Jehová. Por cuanto nos hemos constituido como pueblo de Dios, una iglesia local, y conscientes de haber sido comisionados para ser sus testigos y embajadores, procedemos entonces dando este primer paso de nuestro programa de construcción. Vamos ahora a remover la tierra para que aquí sea erigido un edificio para su gloria, un testimonio permanente ante la gente, una casa de adoración, un lugar para la nutrición y la inspiración espiritual mientras crecemos juntos en Cristo.

En este momento los individuos designados (usualmente de tres a cinco) tomarán una pala en su mano para remover un pedazo de tierra. El ministro o la persona designada continuará:

Hemos dado este primer paso hacia la construcción de nuestro edificio. Que las bendiciones de Dios sean evidentes a través de todo el proceso de construcción.

Himno: *La congregación reunida puede cantar* Grande es tu fidelidad.

Bendición: Y el mismo Dios de paz os santifique por completo; y todo vuestro ser, espíritu, alma y cuerpo, sea guardado irreprensible para la venida de nuestro Señor Jesucristo. Fiel es el que os llama, el cual también lo hará. (1 Tesalonicenses 5.23-24)

Servicio de instalación o consagración

Dr. Melvin Worthington

Ejemplo del orden del servicio de instalación o consagración para el servicio

El orden y la forma de la instalación o consagración para el servicio varían de un lugar a otro. El siguiente es un orden general que incorpora los principios y preceptos básicos acerca del servicio.

Este orden de instalación puede ser usado durante un culto dominical matutino o el servicio de adoración de la noche o cualquier otro momento apropiado.

Preludio	*Sermón*
Himno	*Acto de instalación o consagración*
Música especial	*Oración de instalación o consagración*
Lectura bíblica	*Himno*
Himno	*Bendición*
Música especial	

Ejemplo detallado de un servicio de instalación o consagración

Preludio: Los músicos deben tocar música apropiada que trate con el compromiso y el servicio cristianos. *Las selecciones sugeridas incluyen:* Si Cristo conmigo va, Fiel mayordomo seré *y* Ya pertenezco a Cristo.

Himno: Las selecciones sugeridas incluyen: La cruz de Jesús, Estad por Cristo firmes, Grato es decir la historia *y* Que mi vida entera esté.

Música especial: La música especial puede ser presentada por el coro, un solista, un dúo o un cuarteto.

Lectura bíblica: Tú, pues, hijo mío, esfuérzate en la gracia que es en Cristo Jesús. Lo que has oído de mí ante muchos testigos, esto encarga a hombres fieles que sean idóneos para enseñar también a otros. Tú, pues, sufre penalidades como buen soldado de Jesucristo. Ninguno que milita se enreda en los negocios de la vida, a fin de agradar a aquel que lo tomó por soldado. Y también el que lucha como atleta, no es coronado si no lucha legítimamente. Procura con diligencia presentarte a Dios aprobado, como obrero que no tiene de qué avergonzarse, que usa bien la palabra de verdad. Mas evita profanas y vanas palabrerías, porque conducirán más y más a la impiedad. Huye también de las pasiones juveniles, y sigue la justicia, la fe, el amor y la paz, con los que de corazón limpio invocan al Señor. Pero desecha las cuestiones necias e insensatas, sabiendo que engendran contiendas. Porque el siervo del Señor no debe ser contencioso, sino amable para con todos, apto para enseñar, sufrido; que con mansedumbre corrija a los que se oponen, por si quizá Dios les conceda que se arrepientan para conocer la verdad, y escapen del lazo del diablo, en que están cautivos a voluntad de él. (2 Timoteo 2.1-5; 15-16; 22-26)

Así, pues, ténganos los hombres por servidores de Cristo, y administradores de los misterios de Dios. Ahora bien, se requiere de los administradores, que cada uno sea hallado fiel. Yo en muy poco tengo el ser juzgado por vosotros, o por tribunal humano; y ni aun yo me juzgo a mí mismo. Porque aunque de nada tengo mala conciencia, no por eso soy justificado; pero el que me juzga es el Señor. Así que, no juzguéis nada antes de tiempo, hasta que venga el Señor, el cual aclarará también lo oculto de las tinieblas, y manifestará las intenciones de los corazones; y entonces cada uno recibirá su alabanza de Dios. (1 Corintios 4.1-5)

Grandes multitudes iban con él; y volviéndose, les dijo: Si alguno viene a mí, y no aborrece a su padre, y madre, y mujer, e hijos, y hermanos, y hermanas, y aun también su propia vida, no puede ser mi discípulo. Y el que no lleva su cruz y viene en pos de mí, no puede ser mi discípulo. Porque ¿quién de vosotros, queriendo edificar una torre, no se sienta primero y calcula los gastos, a ver si tiene lo que necesita para acabarla? No sea que después que haya puesto el cimiento, y no pueda acabarla, todos los que lo vean comiencen a hacer burla de él, diciendo: Este hombre comenzó a edificar, y no pudo acabar. ¿O qué rey, al marchar a la guerra contra otro rey, no se sienta primero y considera si puede hacer frente con diez mil al que viene contra él con veinte mil? Y si no puede, cuando el otro está todavía lejos, le envía una embajada y le pide condiciones de paz. Así, pues, cualquiera de vosotros que no renuncia a todo lo que posee, no puede ser mi discípulo. Buena es la sal; mas si la sal se hiciere insípida, ¿con qué se sazonará? Ni para la tierra ni para el muladar es útil; la arrojan fuera. El que tiene oídos para oír, oiga. (Lucas 14.25-35)

Sermón: **Hallados fieles**

Escritura: 1 Corintios 4.1-5; 2 Timoteo 2; Lucas 14.15-25

Introducción: La fidelidad es una virtud que caracteriza a quienes sirven al Señor. La fidelidad requiere dedicación, discernimiento y determinación, así como disciplina. Ser fiel frente a la corrupción contemporánea no es tarea fácil. Charles Hodge estaba en lo correcto cuando declaró: «El gran requisito para desarrollar el oficio de mayordomo es la fidelidad. Por ser siervo tiene que ser fiel a su Maestro. La aplicación de esto al caso del ministro es sencilla. Fidelidad a Cristo como siervo; no tomando para sí mismo ninguna otra cosa que el poder ministerial o aventurarse más allá del mandato de Cristo. Fidelidad a las verdades que Dios ha revelado, sin mezclarlas con reglas de sus propias especulaciones, mucho menos sustituir esas doctrinas por el conocimiento o sabiduría humana».

1. Para ser hallados fieles tenemos que ir. A Jonás se le ordenó ir a Nínive y predicar contra la malvada ciudad. Isaías escuchó el llamado de Dios y respondió diciendo: «Heme aquí, envíame a mí». Los cristianos obedientes siempre han estado listos para hacer lo que Dios les manda. Aquellos que van a ir tienen que oír el llamado de Dios, consentir en obedecer el llamado y aceptar la comisión del llamado. Dios tiene este requisito de servicio inteligente, individual e indispensable si nos encuentra fieles. Nadie puede ir por nosotros. Cada uno debe ir por sí mismo.

2. Para ser hallados fieles tenemos que dar. Dar de nuestro tiempo, talento, diezmo y testimonio es una dimensión natural del siervo obediente. El espíritu de dar en vez de recibir nos capacita para implementar con alegría el elemento de ir que Dios requiere. Es necesario apartar tiempo para la obra de Dios. El talento tiene que ser redirigido. El diezmo tiene que ser considerado el mínimo. Todos nuestros tesoros tienen que estar a la disposición de Dios. Un testimonio listo acompaña a todos los que procuran dar en vez de recibir.

3. Para ser hallados fieles tenemos que crecer. Crecer es tan parte del plan divino de Dios para sus hijos como el ir y el dar. El proceso de desarrollo es planificado por Dios junto con la dieta para que lo logremos. El desarrollo defectuoso contribuye a las bajas del obrero cristiano. Solo se puede evitar con una firme determinación de crecer o morir. Nuestro crecimiento en la experiencia cristiana nunca ocurre por accidente, sino que es el resultado de poner atención cuidadosa al plan de trabajo recetado por Dios.

4. Para ser hallados fieles tenemos que estar apercibidos. El obrero cristiano debe estar en guardia para no ser arrastrado por la influencia de falsos maestros. Pedro exhorta a estar «alerta» para no caer en el error de los malignos y perecer. Juan nos exhorta a «probar» los espíritus. Pablo le advierte a Timoteo sobre las tendencias peligrosas de los últimos tiempos en que algunos se apartarán de la fe. A los creyentes se nos advierte que después de haber predicado y enseñado a otros, nosotros mismos podamos ser desviados. La doctrina sana, el comportamiento santo y el desarrollo espiritual solo viene a quienes toman a Dios en serio en el asunto de guardarse contra el error, aquellos que no ofrecen excusas por la vida sórdida de los otros, pero que al mismo tiempo rechazan todo aquello que no es lo mejor de Dios.

5. Para ser hallados fieles tenemos que glorificar. Un requisito para ser hallado fiel es glorificar a nuestro Padre celestial. Los cristianos no solo van a ser fieles, sino «ser hallados» o descubiertos como fieles. Tan fríos como los que juzgan y critican puedan ser, aun ellos pronto reconocen cuando el hijo de Dios es genuino. Ellos saben la diferencia. Joseph Parker dijo: «El diario de las acciones del hombre es considerado en una unidad; y el resultado es el de un hombre que ha sido descubierto fiel, ha sido hallado fiel como resultado de un escrutinio prolongado, crítico y detallado: entonces el testimonio impreso puede ser quemado, el testimonio de los amigos ya no es necesario; el hombre se ha probado a sí mismo como fiel».

Conclusión: Solo hay una cosa que produce fidelidad en el orden que Dios requiere. El genio no es el bloque de construcción de la fidelidad, tampoco es un don o simpatía. Solo Dios edifica sobre el carácter, un carácter prístino y brillante integridad.

Acto de instalación o consagración

Ministro: En preceptos y prácticas ustedes estarán influenciando a aquellos que les han sido confiados a su cuidado en las cosas más profundas de la vida, las eternas. ¿Serán ustedes fieles, fervientes, preservando y recordando que las metas del cristianismo son entre otras el evangelismo, la educación, la edificación, el estímulo, el equipamiento y el establecimiento de otros en la fe?

Candidato: Lo seremos, con la ayuda del Señor.

Ministro: Por cuanto has sido llamado para este ministerio, ¿te dedicarás, con la ayuda de Dios, a desarrollar fielmente sus tareas? ¿Serás diligente en el estudio de las Escrituras y en dedicarte al servicio del Señor Jesucristo?

Candidato: Lo seré, con la ayuda del Señor.

Ministro: Hoy hemos sido testigos del pacto de este candidato. Como iglesia, ¿serán ustedes fieles en la oración y respaldo de los esfuerzos de este candidato?

Congregación: Lo seremos, con la ayuda del Señor.

Oración de instalación o consagración: *Esta oración puede ser dicha por el ministro o alguien previamente designado.*

Himno: *Los himnos que pueden ser seleccionados incluyen:* Fiel mayordomo seré, ¿Soy yo soldado de Jesús? *y* Si Cristo conmigo va.

Bendición: Que Dios le bendiga con las responsabilidades que va a asumir y le haga fructífero en su servicio. Que sea un fiel mayordomo sobre lo poco y que al final sea puesto sobre mucho. Y que la iglesia sea prosperada y que la gran Cabeza sea honrada por su fidelidad. Amén.

Y al que puede confirmaros según mi evangelio y la predicación de Jesucristo, según la revelación del misterio que se ha mantenido oculto desde tiempos eternos, pero que ha sido manifestado ahora, y que por las Escrituras de los profetas, según el mandamiento del Dios eterno, se ha dado a conocer a todas las gentes para que obedezcan a la fe, al único y sabio Dios, sea gloria mediante Jesucristo para siempre. Amén. (Romanos 16.25-27)

Y a aquel que es poderoso para guardaros sin caída, y presentaros sin mancha delante de su gloria con gran alegría, al único y sabio Dios, nuestro Salvador, sea gloria y majestad, imperio y potencia, ahora y por todos los siglos. Amén. (Judas 24-25)

Ordenación de ministros

Dr. Melvin Worthington

Ejemplo de un orden del servicio para la ordenación de ministros

Preludio	*Ministerio de música*
Himno	*Mensaje de ordenación*
Oración	*Presentación de la Biblia*
Lectura bíblica	*Ministerio de música*
Encargo de ordenación	*Bendición*
Oración de ordenación	*Postludio*

Ejemplo de servicio de ordenación de ministros

Preludio: *El pianista u organista debe tocar música relacionada al servicio cristiano.*

Himno: *Algunos himnos apropiados incluyen:* Mensajeros del Maestro, Dios mío eres tú, Anhelo trabajar *y* Satúrame Señor.

Oración

Lectura bíblica: Pero el Espíritu dice claramente que en los postreros tiempos algunos apostatarán de la fe, escuchando a espíritus engañadores y a doctrinas de demonios; por la hipocresía de mentirosos que, teniendo cauterizada la conciencia, prohibirán casarse, y mandarán abstenerse de alimentos que Dios creó para que con acción de gracias participasen de ellos los creyentes y los que han conocido la verdad. Porque todo lo que Dios creó es bueno, y nada es de desecharse, si se toma con acción de gracias; porque por la palabra de Dios y por la oración es santificado. Si esto enseñas a los hermanos, serás buen ministro de Jesucristo, nutrido con las palabras de la fe y de la buena doctrina que has seguido. Desecha las fábulas profanas y de viejas. Ejercítate para la piedad; porque el ejercicio corporal para poco es provechoso, pero la piedad para todo aprovecha, pues tiene promesa de esta vida presente, y de la venidera. Palabra fiel es esta, y digna de ser recibida por todos. Que por esto mismo trabajamos y sufrimos oprobios, porque esperamos en el Dios viviente, que es el Salvador de todos los hombres, mayormente de los que creen. Esto manda y enseña. Ninguno tenga en poco tu juventud, sino sé ejemplo de los creyentes en palabra, conducta, amor, espíritu, fe y pureza. Entre tanto que voy, ocúpate en la lectura, la exhortación y la enseñanza. No descuides el don que hay en ti, que te fue dado mediante profecía con la imposición de las manos del presbiterio. Ocúpate en estas cosas; permanece en ellas, para que tu aprovechamiento sea manifiesto a todos. Ten cuidado de ti mismo y de la doctrina; persiste en ello, pues haciendo esto, te salvarás a ti mismo y a los que te oyeren. (1 Timoteo 4.1-16)

Cuando llegue el momento señalada para la ordenación, habiendo el candidato cumplido todos los requisitos, el presidente declarará el propósito de la reunión y hará los comentarios pertinentes formulando las siguientes preguntas al candidato.

Pregunta: ¿Aceptas la Biblia como la Palabra inspirada, infalible, inerrante, inmutable, indestructible e indispensable de Dios?

Contestación: La acepto, con la ayuda de Dios.

Pregunta: ¿Entiendes los requisitos, responsabilidades y realidades que se te van a entregar al ser ordenado y apartado como embajador del Señor Jesucristo?

Contestación: Lo entiendo, con la ayuda de Dios.

Pregunta: ¿Estás realmente listo y deseoso de aceptar y asumir la responsabilidad de usar, predicar y practicar la Palabra de Dios con osadía; ministrar a las necesidades de aquellos a quienes eres enviado con imparcialidad y darte sacrificadamente y sin reserva a la educación, edificación y capacitación del cuerpo de Cristo?

Contestación: Estoy listo, con la ayuda de Dios.

Pregunta: ¿Te propones ser diligente en el estudio de la Palabra de Dios; constante y fiel en la oración, ser un ejemplo de piedad cristiana y disciplina ante la gente y la comunidad, de modo que tu vida sea un digno ejemplo cristiano y que la bendición de Dios descanse sobre tu vida?

Contestación: Sí, con la ayuda de Dios.

Pregunta: Reconociendo la sagrada responsabilidad de tu llamado y consciente de sus debilidades humanas, ¿buscarás el liderazgo y el poder del Espíritu Santo para que puedas ser un fiel ministro de Aquel que te llamó?

Contestación: Sí, con la ayuda de Dios.

Encargo de ordenación

Te encargo que procures la Palabra de Dios. Pablo le encargó a Timoteo: «Entre tanto que voy, ocúpate en la lectura, la exhortación y la enseñanza… Ocúpate en estas cosas; permanece en ellas, para que tu aprovechamiento sea manifiesto a todos» (1 Timoteo 4.13, 15). Además le encargó, «Procura con diligencia presentarte a Dios aprobado, como obrero que no tiene de qué avergonzarse, que usa bien la palabra de verdad» (2 Timoteo 2.15).

Te encargo que practiques la Palabra de Dios. Pablo afirma esto cuando dice: «Palabra fiel: Si alguno anhela obispado, buena obra desea. Pero es necesario que el obispo sea irreprensible, marido de una sola mujer, sobrio, prudente, decoroso, hospedador, apto para enseñar; no dado al vino, no pendenciero, no codicioso de ganancias deshonestas, sino amable, apacible, no avaro; que gobierne bien su casa, que tenga a sus hijos en sujeción con toda honestidad (pues el que no sabe gobernar su propia casa, ¿cómo cuidará de la iglesia de Dios?); no un neófito, no sea que envaneciéndose caiga en la condenación del diablo. También es necesario que tenga buen testimonio de los de afuera, para que no caiga en descrédito y en lazo del diablo… Ninguno tenga en poco tu juventud, sino sé ejemplo de los creyentes en palabra, conducta, amor, espíritu, fe y pureza… Huye también de las pasiones juveniles, y sigue la justicia, la fe, el amor y la paz, con los que de corazón limpio invocan al Señor. Pero desecha las cuestiones necias e insensatas, sabiendo que engendran contiendas. Porque el siervo del Señor no debe ser contencioso, sino amable para con todos, apto para enseñar, sufrido; que con mansedumbre corrija a los que se oponen, por si quizá Dios les conceda que se arrepientan para conocer la verdad, y escapen del lazo del diablo, en que están cautivos a voluntad de él» (1 Timoteo 3.1-7; 4.12; 2 Timoteo 2.22-26).

Te encargo que predique la Palabra de Dios. Has sido llamado a ser predicador. Algunos asumen el llamado para predicar pero hacen muy poco al respecto, enredándose en diversas profesiones del mundo y su ministerio se convierte en *algo secundario*. Creo que es apropiado incluir en este encargo que has sido llamado a ser predicador y después ser predicador. No has sido llamado a ser político, maestro de escuela, hombre de negocios o trabajador social, eres un hombre de Dios llamado a predicar. La instrucción final de Pablo a Timoteo fue: «Te encarezco delante de Dios y del Señor Jesucristo, que juzgará a los vivos y a los muertos en su manifestación y en su reino, que prediques la palabra; que instes a tiempo y fuera de tiempo; redarguye, reprende, exhorta con toda paciencia y doctrina. Porque vendrá tiempo cuando no sufrirán la sana doctrina, sino que teniendo comezón de oír, se amontonarán maestros conforme a sus propias concupiscencias, y apartarán de la verdad el oído y se volverán a las fábulas. Pero tú sé sobrio en todo, soporta las aflicciones, haz obra de evangelista, cumple tu ministerio» (2 Timoteo 4.1-5).

Oración de ordenación: *El candidato se arrodillará y con él todos los ministros ordenados que estén presentes, que le impondrán sus manos. La oración de ordenación la ofrecerá alguien previamente seleccionado.*

Ministerio musical: *La música apropiada puede ser presentada por un coro, un cuarteto, un dúo, la congregación o un solista.*

Sermón de ordenación: *El perfil de un pastor*

Escritura: 1 Timoteo 3, 4; 2 Timoteo 2, 4; Tito 1

Introducción: El Señor se toma un cuidado muy especial al asignar pastores para su iglesia. El ministerio pastoral no es algo que Dios toma ligeramente, sino que es un oficio divino, designado y diseñado que satisface las necesidades de la iglesia. El oficio pastoral demanda un individuo especialmente capacitado, equipado con las credenciales apropiadas. Debe poseer buenas habilidades naturales y adquiridas, una piedad profunda y ardiente, ser llamado especialmente por Dios para el trabajo y ser ordenado en oración y la imposición de las manos. Las credenciales apropiadas prescritas por la Palabra de Dios capacitan al pastor para predicar la Palabra, administrar las ordenanzas, visitar al rebaño y desempeñar las tareas de un ministro fiel.

1. Sus credenciales personales. El pastor debe ser un *hombre de Dios*, proveyendo y practicando las virtudes cristianas. Tiene que ser un hombre de un carácter irreprochable que demuestre la verdad, la honestidad y una rectitud general. Debe ser un *hombre amable*. Pablo le recuerda a Timoteo que un siervo de Dios no trata sino que es amable con todos. La amabilidad no es señal de debilidad sino un ingrediente necesario para un pastor que, sin eso, carece de credenciales personales sanas. Un pastor de Dios es un hombre *lleno de gracia*. Los pastores tienen que manifestar sensibilidad y gentileza al desempeñar el oficio pastoral. Un hombre lleno de gracia es un hombre que ayuda.

2. Sus credenciales públicas. El perfil de un pastor incluye sus credenciales públicas. Tiene que tener la reputación de un hombre íntegro entre los que no son cristianos si los va a alcanzar. El testimonio de un pastor es su pasaporte detrás de las puertas cerradas de la comunidad. Albert Barnes advertía con autoridad: «Para un ministro es imposible sobreestimar la importancia de tener un carácter limpio ante los ojos del mundo, y nadie debe ser introducido ni mantenido en el ministerio si no tiene una buena reputación». Ninguna cantidad de habilidades, logros, triunfos o actividades podrá sustentar ante los ojos de los perdidos la integridad moral de un pastor. Sin integridad estará despojado en un mundo con necesidades abrumadora.

3. Sus credenciales prácticas. El pastor es el *superintendente* de la iglesia local. No está llamado a dictarle a la congregación con arrogancia, sino a dirigirlos en los caminos del Señor y velar por ellos (1 Pedro 5.2). El pastor *pastorea* el rebaño, lo cuida con amor y sirve a la iglesia local. No existe contradicción cuando el pastor es encargado de supervisar y servir al mismo tiempo. El más grande en el reino sigue siendo el siervo. El pastor *habla* a su congregación; es su predicador y maestro. Su responsabilidad es predicar y orar. Les habla a los santos de la Palabra de Dios y le habla en oración al Soberano sobre los santos. El buen pastor se caracteriza por ser *estudioso* de la Palabra de Dios. El llamado a ser pastor incluye un llamado al estudio (2 Timoteo 2.15). El pastor es un *soldado*. Dirige a la congregación en la batalla. Su valor, consagración, consistencia y preocupación se manifiestan en aquellos que le siguen. Pelea la buena batalla de la fe, sigue al Señor Jesús y huye de los enredos del mundo. Organiza, maneja y observa a la congregación en su constante batalla. El pastor es un hombre *sensible*. Nadie debe ser más sensible a las necesidades y problemas de la gente que él. No es arrogante ni áspero. Se ríe y llora con la congregación. Está genuinamente interesado en su gente. Ningún problema o necesidad es insignificante. El pastor es un hombre *separado* y *preparado*. Todos los que cumplen el oficio pastoral tienen que entender que son únicos. Son distintivos y por lo tanto un nivel de dedicación y preparación más alto tiene que caracterizar sus vidas. La falta de preparación bíblica de muchos pastores ha traído desgracia a muchas iglesias. Ninguna persona debe entrar al ministerio si personalmente no ha resuelto el asunto de la preparación. El pastor es un hombre *fuerte*. Cuando otros están llenos de angustia, desalentados y desilusionados, él muestra una fortaleza que no es humanamente posible aparte de la diaria dependencia del Señor. No es dado a los altibajos emocionales. Es firme y constante. El pastor es un hombre *sensible*. Tiene la habilidad de ver el trabajo del oficio pastoral cuidadosa, delicada y compasivamente. Se le ha dado una gran medida de *sentido común*.

4. Sus credenciales profesionales. Considere las credenciales profesionales de un pastor. Sea la iglesia local o el concilio quien tenga la responsabilidad de ordenar ministros, es evidente que estos tienen que ser aprobados por sus compañeros y la membresía de la iglesia. La Escritura enseña el concepto de *rendición de cuentas*. Cada ministro tiene que dar cuentas por su doctrina y su conducta, no solo a Dios sino también a quienes lo ordenaron. El pastor necesita *aceptabilidad* de sus compañeros de ministerio y la congregación. Pablo fue aceptado por los discípulos en Jerusalén. La aceptabilidad es necesaria para un ministerio efectivo en cualquier grupo. El pastor debe sentir que es *apreciado*. Las iglesias deben tener en alta estima a los pastores por su trabajo.

Conclusión: El pastor-maestro es un regalo divino para la iglesia. La mayoría de los escritores creen que el pastor es un individuo con un ministerio doble. Aquellos que *cuidan* el rebaño también tienen que *enseñarlo*. El pastor ideal se ocupa en un ministerio didáctico, nutriendo a los santos con la predicación expositiva, dándoles el rico alimento de la Palabra, promoviendo de esa forma el desarrollo interno de la iglesia, el discernimiento y la dedicación que también llevará al crecimiento numérico.

Presentación de la Biblia. *Al candidato se le presenta una Biblia. Esta debe ser una buena Biblia de estudio.*

Ministerio de la música. *Música apropiada debe ser presentada por un coro, cuarteto, solista, dúo o la congregación.*

Bendición: Y al que puede confirmaros según mi evangelio y la predicación de Jesucristo, según la revelación del misterio que se ha mantenido oculto desde tiempos eternos, pero que ha sido manifestado ahora, y que por las Escrituras de los profetas, según el mandamiento del Dios eterno, se ha dado a conocer a todas las gentes para que obedezcan a la fe, al único y sabio Dios, sea gloria mediante Jesucristo para siempre. Amén. (Romanos 16.25-27)

Postludio: *El organista o pianista debe tocar música relacionada con el servicio cristiano.*

Ordenación de diáconos

Dr. Melvin Worthington

Ejemplo de orden del servicio de una ordenación de diáconos

El servicio para la ordenación de diáconos puede ser parte de cualquier servicio público de la congregación debidamente convocada a la discreción del ministro que lo oficiará.

Preludio

Himno

Oración

Lectura bíblica

Ministerio de la música

Sermón de ordenación

Encargo de ordenación

Oración de ordenación

Himno

Bendición

Postludio

Ejemplo detallado de un servicio de ordenación de diáconos

El servicio para la ordenación de diáconos puede ser parte de cualquier servicio público de la congregación debidamente convocada a la discreción del ministro que lo oficiará.

Preludio: *El organista o pianista debe tocar música apropiada para el servicio cristiano. Los himnos apropiados pueden incluir:* La cruz excelsa y Heme aquí.

Himno: *Entre los himnos que se pueden usar están:* Sublime gracia, Grande es tu fidelidad y Su gracia es mayor.

Lectura bíblica: En aquellos días, como creciera el número de los discípulos, hubo murmuración de los griegos contra los hebreos, de que las viudas de aquéllos eran desatendidas en la distribución diaria. Entonces los doce convocaron a la multitud de los discípulos, y dijeron: No es justo que nosotros dejemos la palabra de Dios, para servir a las mesas. Buscad, pues, hermanos, de entre vosotros a siete varones de buen testimonio, llenos del Espíritu Santo y de sabiduría, a quienes encarguemos de este trabajo. Y nosotros persistiremos en la oración y en el ministerio de la palabra. Agradó la propuesta a toda la multitud; y eligieron a Esteban, varón lleno de fe y del Espíritu Santo, a Felipe, a Prócoro, a Nicanor, a Timón, a Parmenas, y a Nicolás prosélito de Antioquía; a los cuales presentaron ante los apóstoles, quienes, orando, les impusieron las manos. Y crecía la palabra del Señor, y el número de los discípulos se multiplicaba grandemente en Jerusalén; también muchos de los sacerdotes obedecían a la fe. (Hechos 6.1-7)

Los diáconos asimismo deben ser honestos, sin doblez, no dados a mucho vino, no codiciosos de ganancias deshonestas; que guarden el misterio de la fe con limpia conciencia. Y éstos también sean sometidos a prueba primero, y entonces ejerzan el diaconado, si son irreprensibles. Las mujeres asimismo sean honestas, no calumniadoras, sino sobrias, fieles en todo. Los diáconos sean maridos de una sola mujer, y que gobiernen bien sus hijos y sus casas. Porque los que ejerzan bien el diaconado, ganan para sí un grado honroso, y mucha confianza en la fe que es en Cristo Jesús. (1 Timoteo 3.8-13)

Ministerio de la música: En este punto se puede presentar música especial relacionada con el servicio cristiano por el coro, un cuarteto, dúo, solista o la congregación.

Sermón de ordenación: *Las tareas de un diácono*

Escritura: Hechos 6.1-7; 1 Timoteo 3.8-13

Introducción: Los diáconos son ordenados por la congregación para ministrar a la congregación y para ejercer liderazgo espiritual general. Ayudan al pastor administrando las ordenanzas y pueden conducir los servicios de adoración durante la ausencia del pastor. Los diáconos deben cumplir los requisitos establecidos en Hechos 6.1-7 y en 1 Timoteo 3.8-13. El ministerio del Señor Jesucristo se caracterizó por su preocupación por las necesidades físicas y espirituales de aquellos que venían a escucharle. La iglesia primitiva compartió esas preocupaciones y escogió diáconos para ese ministerio. El diácono se convierte en el corazón y las manos de la iglesia para satisfacer y ministrar las necesidades de aquellos dentro y fuera de la iglesia.

1. El oficio del diácono. El *concepto del diácono* se revela en Hechos 6.1-7. El *escogimiento del diácono* se revela en Hechos 6.1-7. Las *credenciales del diácono* se detallan en 1 Timoteo 3.8-13 y Hechos 6.1-7. Los *compañeros del diácono* son ordenados según 1 Timoteo 3.11.

2. La obligación del diácono. El diácono tiene una *función, una relación y una responsabilidad* única para con el ministro y los miembros de la congregación donde sirve. Las obligaciones del diácono incluyen *liderazgo, exhortación, escuchar y trabajar*. Los diáconos deben poseer una piedad sana, buena capacidad para los negocios y mucha benevolencia; serán ordenados en oración y la imposición de las manos del presbiterio; mantiene su oficio según el deseo de la iglesia manteniendo un carácter cristiano, un servicio fiel y la sana doctrina; ayuda durante el bautismo, la Cena del Señor, atiende a los pobres y conduce las reuniones durante la ausencia del pastor.

3. Las oportunidades del diácono. Los primeros diáconos fueron nombrados para servir en las mesas y permitir a los apóstoles dedicarse continuamente a la oración y la ministración de la Palabra. Los diáconos tienen la oportunidad de *servir a los miembros, apoyar al ministro y compartir el mensaje*.

Conclusión: El oficio, la obligación y las oportunidades del diácono están clara, concisa y cuidadosamente registradas en la Sagrada Escritura en Hechos 6 y 1 Timoteo 3. Siguiendo esos precedentes así establecidos en la iglesia primitiva, con el consejo y aprobación de los apóstoles, ha sido el deseo de esta congregación que hombres honestos y llenos del Espíritu Santo y sabiduría, escogidos de entre ellos mismos, sirvan como diáconos. Nos hemos reunido hoy para ordenar a esos hermanos como diáconos.

Los candidatos para la ordenación deben pasar al frente en este punto y pararse delante del ministro que les hará el encargo.

Encargo de ordenación: Mi(s) hermano(s), usted(es) ha(n) sido electo(s) por el voto de la iglesia, para servir en la capacidad de diácono(s).

Pregunta: Mi hermano, esta iglesia ha votado colocando un honor y una gran responsabilidad al seleccionarlo para el oficio de diácono. ¿Acepta esta responsabilidad y procurará cumplir la posición para la que ha sido llamado, promover los intereses de la iglesia, asistir al pastor en todo lo que pueda y velar por los pobres y necesitados de la iglesia, viendo que nadie sufra de ayuda material, hasta donde sus fuerzas se lo permitan?

Respuesta: La acepto y lo haré con la ayuda de Dios.

Pregunta: ¿Aceptará el oficio de diácono en esta iglesia y promete desempeñar fielmente las obligaciones que requiere este oficio?

Respuesta: Lo prometo, con la ayuda de Dios.

Pregunta: ¿Promete cooperar con el pastor para adelantar los intereses de la iglesia promoviendo armoniosa y efectivamente el trabajo de todos sus ministerios?

Respuesta: Lo prometo, con la ayuda de Dios.

El ministro le hace la siguiente pregunta a la congregación:

Pregunta: Miembros de la iglesia, ¿Reconocen y confirman a este hermano como diácono? ¿Lo estimarán, lo estimularán y cooperarán con él en el desempeño de sus funciones?

Respuesta: Sí, lo haremos con la ayuda de Dios.

En este punto el ministro tomará las manos del candidato estando ambos de pie y hará el siguiente encargo.

Ahora yo te encargo, en el nombre del Padre, del Hijo y del Espíritu Santo, que procures siempre cumplir este oficio con lo mejor de tus conocimientos y que busques la dirección divina en todo tu trabajo.

El candidato se arrodillará; el ministro y todos los diáconos ordenados en funciones en la iglesia pondrán sus manos sobre el candidato.

Oración de ordenación: *Esta oración puede ser ofrecida por el ministro o el presidente de la junta de diáconos.*

Himno: *La congregación cantará un himno apropiado que enfatice el servicio cristiano.*

Bendición

Postludio: *El organista o pianista toca un himno apropiado que enfatice el servicio cristiano.*

El bautismo y la Cena del Señor

Servicio de bautismo para adultos y niños profesantes

Rev. Todd Kinde

Ejemplo de orden del servicio de bautismo

Preludio	*Afirmación de la fe*
Himno de alabanza	*Palabras de institución*
Oración de apertura	*Oración de gracias*
Significado del bautismo	*Testimonios y bautismos*
Himno de enfoque	*Recordando tu bautismo*
Presentación de candidatos	*Canciones de renovación*
Votos de bautismo	*Bendición*

Ejemplo detallado de un servicio de bautismo

Preludio

Himno de alabanza

Oración de apertura: Señor, que los que hayamos sido bautizados en la muerte de Cristo continuemos matando nuestros deseos pecaminosos. Y que pasemos de muerte a resurrección de vida por la obra del que murió, que fue enterrado y resucitó, tu Hijo nuestro Salvador Jesucristo.

El significado del bautismo: El bautismo es un sacramento y una ordenanza señalada por Cristo como un rito de entrada al compañerismo de la comunidad de los redimidos, su iglesia. Jesucristo les habló a sus discípulos comisionándoles, diciéndole: Y Jesús se acercó y les habló diciendo: «Toda potestad me es dada en el cielo y en la tierra. Por tanto, id, y haced discípulos a todas las naciones, bautizándolos en el nombre del Padre, y del Hijo, y del Espíritu Santo; enseñándoles que guarden todas las cosas que os he mandado; y he aquí yo estoy con vosotros todos los días, hasta el fin del mundo». Amén. (Mateo 28.18-20)

La ordenanza o sacramento del bautismo es un símbolo del nuevo nacimiento por el Espíritu Santo; de unión con Cristo en su muerte, entierro y resurrección; unión con su iglesia; devoción completa a Jesús como Señor y el comienzo de una nueva vida en Cristo.

Himno de enfoque: Cuán profundo es tu amor.

Presentación del candidato (s): Presento a *nombre(s)* para ser bautizado.

Votos de bautismo: *La iglesia primitiva hacía los votos al tiempo del bautismo. Con ellos el candidato renunciaba a todo lo malo y entonces abrazaba el amor y la lealtad de Cristo. El pastor se dirige al candidato, que contestará. Estos votos se pueden hacer individualmente o en grupo.*

Ministro: ¿Abandonas a Satanás y todas las fuerzas espirituales de maldad que se rebelan contra Dios?

Candidato(s): Sí, los abandono.

Ministro: ¿Abandonas todos los deseos pecaminosos que te separan del compañerismo con Dios?

Candidato: Sí, los abandono.

Ministro: ¿Te vuelves a Jesucristo?

Candidato: Sí. Estoy confiando en Jesucristo como mi Señor y Salvador.

Ministro: ¿Tiene el propósito de ser un fiel seguidor de Cristo, servirle obedeciendo su palabra y mostrando su gracia salvadora en su vida?

Candidato: Sí, lo haré con la ayuda de Dios.

Ministro: ¿Promete dedicarse a las enseñanzas de los apóstoles y al compañerismo, al compartimiento del pan y a las oraciones?

Candidato: Sí, lo prometo, con la ayuda de Dios.

Afirmación de la fe: *El Credo de los Apóstoles en la forma de tres preguntas ha sido usado en el bautismo tan temprano como el tercer siglo. El credo nos da el contenido esencial de la fe cristiana que tiene que ser apropiado y afirmando por todos los creyentes. Algunas congregaciones podrían omitir «descendió al infierno» por razones teológicas. El pastor* *trata con todos los presentes en el servicio. La congregación contestará junto con todos los candidatos.*

Ministro: ¿Cree en Dios, Padre Todopoderoso, Creador del cielo y la tierra?

Congregación: Creo en Dios, Padre Todopoderoso, Creador del cielo y la tierra.

Ministro: ¿Cree en Jesucristo?

Congregación: Yo creo en Jesucristo, su Hijo Unigénito, nuestro Señor; que fue concebido del Espíritu Santo, y nació de la virgen María. Él sufrió bajo el poder de Poncio Pilato, fue crucificado, murió y fue sepultado. Descendió al infierno; al tercer día resucitó de los muertos; ascendió al cielo y está sentado a la derecha de Dios el Padre Todopoderoso. Desde ahí habrá de venir para juzgar a los vivos y a los muertos.

Ministro: ¿Cree en el Espíritu Santo?

Congregación: Creo en el Espíritu Santo, la Santa Iglesia universal, la comunión de los santos, el perdón de los pecados, la resurrección de los muertos y en la vida eterna. Amén.

Palabras de institución: *El pastor se mueve hacia el bautisterio o la fuente. Un recipiente de agua podría ser sostenido mientras el pastor dice:*

Las promesas de la gracia de Dios están firmadas y selladas para nosotros en el bautismo. Dios ha prometido perdonar nuestros pecados, adaptarnos en su familia, y enviarnos su Espíritu para hacernos santos. Esas promesas se hacen visibles en las aguas del bautismo.

(El recipiente de agua puede ser vertido en el bautisterio o en la fuente.)

Oración de gracias: *En este momento puede ser ofrecida una oración dando gracias al Trino Dios por su obra de salvación, santificación y glorificación. La oración debe incluir la petición para que Dios honre el sacramento u ordenanza en que el candidato está por participar teniendo a la congregación como testigo.*

Testimonios y bautismos: *El pastor entrará al bautisterio o se acercará al frente. Entonces el primer candidato se une al pastor.*

Los candidatos pueden vestir batas blancas que representan la pureza de Cristo. El pastor pedirá al candidato que testifique de la gracia salvadora en Cristo. El testimonio debe incluir la forma en que llegó al evangelio y la gente que fue instrumento de Dios en el proceso. Se puede incluir un versículo bíblico que dé seguridad de la salvación y se refiera a la fidelidad de Dios.

El pastor podría hacer una señal de la cruz suavemente con su dedo sobre la frente del candidato diciendo:

Nombre, yo te bautizo en el nombre del Padre, del Hijo y del Espíritu Santo. Amén.

El bautismo por inmersión se puede hacer hacia el frente como arrodillándose en humildad ante el Señor, o hacia atrás para simbolizar la muerte, sepultura y resurrección. Se puede usar un paño o pañuelo blanco para cubrir el rostro del candidato ante de sumergirle en el agua.

Inmersión hacia el frente: El candidato junta las palmas de las manos. El pastor sostiene la muñeca del candidato con una mano y pone la otra mano en la espalda para darle apoyo. El pastor ayuda al candidato a arrodillarse en el agua, este entonces se inclina hacia el frente hasta que el agua le cubre por completo (se podría colocar un pequeño taburete para que el candidato se siente en vez de arrodillarse). El pastor ayuda al candidato a salir del agua. Este debe ser un movimiento suave y firme, sin brusquedad.

Inmersión hacia atrás: El candidato junta las palmas de las manos. El pastor sostiene la muñeca del candidato con una mano y pone la otra mano en la espalda para darle apoyo. El pastor inclina hacia atrás al candidato mientras éste dobla sus rodillas, ayudando así en el proceso (se podría colocar un pequeño taburete para que el candidato se siente). Mientras el candidato se inclina hacia atrás debe levantar sus manos para cubrirse la nariz al entrar al agua. El pastor ayuda al candidato a ponerse de pie. Este debe ser un movimiento suave y firme, sin brusquedad.

Si se usa una fuente de bautismo, el candidato se arrodilla frente a ella y el pastor echará el agua sobre su cabeza.

Después de cualquiera que sea el método, el pastor impondrá sus manos en el nuevo bautizado y hará una oración de bendición:

Que la bendición del Dios Trino, Padre, Hijo y Espíritu Santo, descienda sobre ti y more siempre en ti. Amén.

Los que han sido inmersos saldrán del bautisterio envueltos en toallas blancas grandes y serán escoltados a un salón para secarse y cambiarse de ropa.

Recordando su bautismo. *Después que todos los candidatos hayan sido bautizados, el pastor podría invitar a aquellos de la congregación que ya han sido bautizados para recordar su propio bautismo. Quizás algunos todavía no hayan hecho sus votos para su propio bautismo y al ver y oír este servicio desearán hacerlo. Quizás alguno haya descuidado la vida de santidad y quiera renovar sus votos con el Señor. Después de explicar este tiempo de renovación el pastor podría decir:*

El agua limpia y refresca; Jesucristo es el agua viva. A través del bautismo Cristo nos llama a amar, confiar y obedecer a Dios completamente; a morir al pecado y al mundo; y a vivir una vida santa en Jesucristo.

Les invito a recordar las promesas de Dios en el bautismo hoy, a alejarse de lo malo y reafirmar su lealtad a Jesucristo y su compromiso con la iglesia.

La gente podría reunirse alrededor del bautisterio o la fuente para tocar el agua y orar en silencio.

Canto de renovación: *El pastor pedirá a la congregación a ponerse de pie mientras se pronuncia la bendición.*

«La gracia del Señor Jesucristo, el amor de Dios, y la comunión del Espíritu Santo sean con todos vosotros. Amén». (2 Corintios 13.14)

Sermón de bautismo

Rev. Todd Kinde

En el mismo centro

Escritura: 1 Pedro 3.13—4.2

Introducción: Todos tenemos la tendencia de perder el foco y la dirección, navegando sin esperanzas en un mar de actividades sin un propósito real. Quizás usted haya estado indicando, buscando algo que impida que su vida carezca de significado mientras da vueltas vertiginosamente en una vida que parece no tener significado eterno. Su vida no tiene un centro. En un intento por encontrar significado quizás haya hecho de su carrera o algún pasatiempo algo central para su ser e identidad. Tarde o temprano estará desencantado con cualquiera cosa mundana que esté en el centro de su vida. Cuando no hay un centro verdadero del ser. La vida continúa girando sin control.

La solución para su divagar es someterse a Cristo. 1 Pedro 3.13-4.6 describe la vida que tiene a Cristo en el centro. Jesús es el Señor de todo. Como Señor está llamado a estar en el centro de su ser. Usted está llamado a apartar a Cristo como Señor en su corazón. En la Biblia apartar significa sacar algo de la periferia y ponerlo en el centro.

1. Cuando Cristo es el centro de nuestro ser somos gente de esperanza (3.13-17). Pedro nos recuerda que los que hemos confiado en Jesucristo como Salvador de nuestros pecados y Señor de nuestra vida somos bendecidos. Es cierto que es muy probable que el sufrimiento nos acompañe en la vida cristiana. Sufriremos por llevar el testimonio y su carácter de Cristo. Tenemos que entender que el sufrimiento aquí y ahora es solo temporal. La bendición eterna es tal que es obvio que nuestro sufrimiento ahora por la causa de Cristo no es para nuestro mal. Así que, no tememos lo que teme el mundo. Nuestra esperanza está en Cristo. No tenemos que temer a la ira de Dios, porque hemos confiado en su Palabra. La muerte y la destrucción no es nada para nosotros, porque el Dios al que servimos es capaz de sacar vida de la muerte.

Por ser Cristo el centro de tu ser estarás más que listo y preparado para compartir la esperanza que tienes en Jesucristo nuestro Señor. La timidez y la vergüenza son echadas a un lado al salir como torrente de tu ser y de tu vida la esperanza en Cristo. Pero esto siempre se hará según el carácter sumiso de Cristo, con gentileza y respeto. Hablarás la verdad con amor. Cuando Cristo está en el centro de tu vida, das razón de la esperanza que tienes en Cristo, la esperanza de la eternidad con Dios. Tienes paz con Dios y ya no tienes temor de la ira divina.

2. Cuando Cristo es el centro de nuestra vida morimos al pecado (3.18-22).

Testificar significa que algunas actitudes tendrán que cambiar. El temor y el orgullo tendrán que ser erradicados. Debido a nuestro pecado, la única manera de deshacernos del orgullo y el temor es muriendo. Tenemos que morir al pecado y al yo. Para lograr eso tenemos que identificarnos con la muerte de nuestro Señor Jesús. Cristo sufrió en su cuerpo. Su sufrimiento fue para pagar a Dios por nuestro pecado y satisfacer la ira de Dios por nuestro pecado. Jesús no tuvo pecado, era una persona perfecta, de hecho, era Dios encarnado. Solo una persona perfecta podía pagar la pena; el justo por el injusto. Cristo murió de una vez y por todas. No se puede repetir por toda la eternidad, y tampoco es necesario. Dios el Padre levantó a su Hijo a nueva vida por el poder del Espíritu. El Espíritu da vida.

Jesús dijo: «Como en los días de Noé, así será en los días del Hijo del Hombre» (Lucas 17.26; Mateo 24.37). Pedro básicamente dice lo mismo. El evangelio fue predicado al mundo en los días de Noé antes del diluvio. Dios esperó pacientemente durante 120 años, mientras Noé construía el arca. Durante ese tiempo Noé predicó con el martillo en la mano (2 Pedro 2.5; Hebreos 11.7). Esa breve declaración recuerda todo lo que se encuentra en Génesis 6. El mensaje predicado durante 120 años resultó rechazado. Sin embargo, ocho almas se salvaron a través del agua, Noé y su familia. ¿Qué acerca de tu familia? ¿Le has testificado de la salvación de Dios a tu familia?

Pedro dice que este diluvio es un símbolo del bautismo, que ahora te salva. No es un bautismo solamente de agua que limpia el sucio de tu cuerpo, sino el bautismo de Cristo. Cristo mismo se refiere a su muerte como un bautismo (Marcos 10.32-45; Lucas 12.50). Cuando nos convertimos somos bautizados en la muerte de Cristo. Morimos al pecado y al yo. La ordenanza del bautismo en agua es un símbolo de la regeneración que ha ocurrido.

Pablo declara en Romanos:

> En ninguna manera. Porque los que hemos muerto al pecado, ¿cómo viviremos aún en él? ¿O no sabéis que todos los que hemos sido bautizados en Cristo Jesús, hemos sido bautizados en su muerte? Porque somos sepultados juntamente con él para muerte por el bautismo, a fin de que como Cristo resucitó de los muertos por la gloria del Padre,

así también nosotros andemos en vida nueva. Porque si fuimos plantados juntamente con él en la semejanza de su muerte, así también lo seremos en la de su resurrección. (Romanos 6.2-5)

El bautismo en agua es un testimonio público de que hemos muerto al pecado y al yo y de que vivimos para Dios.

3. Cuando Cristo está en el centro de nuestra vida estamos vivos para la voluntad de Dios (4.1-2). Al creyente salir del agua, se simboliza la resurrección de Cristo de entre los muertos, testificando de nuestra esperanza eterna en la resurrección que vendrá con Cristo. Así que simboliza el poder y la presencia del Espíritu Santo para vivir una nueva vida en la voluntad de Dios. Las pasiones de la carne ya no te pueden seducir. Ya no participarás en satisfacer los bajos deseos. Tu satisfacción se encuentra en el deseo más alto, el deseo de Dios, el hambre de Dios. El bautismo con agua testifica de tu deseo y compromiso de lealtad exclusiva a la voluntad de Dios.

Conclusión: El bautismo con agua no es una opción para la vida cristiana. Es parte necesaria de nuestro testimonio. Cuando Cristo está en el centro de nuestro ser tenemos esperanza, morimos al pecado y al yo, y vivimos para la voluntad de Dios. El bautismo simboliza esa realidad de estar en el mismo centro de la muerte con Cristo. ¿Consideraría participar de este rito del bautismo con agua? ¿Testificarías públicamente que has muerto al pecado y vives para Cristo?

Cómo administrar la Cena del Señor
Rev. Todd Kinde

La Cena del Señor tradicionalmente se celebra después de la ministración de la Palabra. El sermón es la expresión audible del evangelio, mientras que la Cena del Señor es la expresión visible del evangelio. Concluya la parte de la Palabra del servicio de adoración con una alabanza de respuesta que aplique las verdades del sermón al corazón de la gente y que enfoque la atención a la mesa del Señor.

Ejemplo del orden del servicio para observar la Cena del Señor

El credo de los apóstoles	*Distribución de los elementos*
Imparta paz	*Oraciones de la gente*
Instrucciones	*Ofrenda de benevolencia*
Palabras de institución	*Bendición*
Gran oración de acción de gracias	

Ejemplo detallado del servicio de Cena del Señor

El credo de los apóstoles: El credo es usado casi siempre como una respuesta al sermón cuando se va a celebrar la Cena del Señor. El credo reafirma la esencia de la fe cristiana en los corazones de la gente. Algunas congregaciones querrán omitir «descendió al infierno» por razones teológicas. El pastor se dirigirá a todos los presentes en el servicio.

Ministro: Cristianos, ¿qué creen ustedes?

Congregación: Creemos en Dios Padre Todopoderoso, Creador del cielo y de la tierra y en Jesucristo, su único Hijo, nuestro Señor: quien fue concebido por el Espíritu Santo, y nacido de la virgen María. Sufrió bajo Poncio Pilato, fue crucificado, muerto y sepultado. Descendió al infierno; al tercer día resucitó de entre los muertos; ascendió a los cielos y está sentado a la diestra de Dios Padre Todopoderoso. Desde ahí ha de venir a juzgar a los vivos y a los muertos. Creemos en el Espíritu Santo, la Santa Iglesia universal, la comunión de los santos, el perdón de los pecados, la resurrección del cuerpo y la vida perdurable. Amén.

Imparta paz: *Cuando Jesús se apareció a sus discípulos después de la resurrección, la mayor parte de las veces los saludó diciendo: «La paz sea contigo». La Cena del Señor es un buen tiempo para expresar los unos a los otros una oración pidiendo por la bendición de paz de Jesús. Puede ser un tiempo para perdonarse unos a otros y restaurar las relaciones.*

El pastor extiende sus brazos y sus manos hacia la gente y dice:

¡La paz de Cristo sea con todos ustedes!

La gente responde:

¡Y también contigo!

Entonces la gente se voltea hacia los que le rodean y repiten la frase a otros individuos mientras les dan la mano o los abrazan. No se apresure; permita que la gente se pueda mover en el salón.

Los ujieres toman sus lugares en este momento.

Instrucciones: *El pastor debe instruir a la gente en los procedimientos de la Cena del Señor. Si todos van a participar juntos, entonces indique que cada uno debe sostener su porción hasta que todos hayan sido servidos. Este es un tiempo apropiado para instruir a la gente sobre la seriedad de este sacramento u ordenanza y que no se debe tomar a la ligera. Informe que la mesa es para los creyentes que están en buena relación entre sí. Debe indicar si en su comunidad de fe la Cena del Señor es cerrada, esto es, solo para los miembros de la iglesia local.*

Palabras de institución: *El pastor tomará el pan de la mesa y lo partirá diciendo:*

Porque yo recibí del Señor lo que también os he enseñado: Que el Señor Jesús, la noche que fue entregado, tomó pan; y habiendo dado gracias, lo partió, y dijo: Tomad, comed; esto es mi cuerpo que por vosotros es partido; haced esto en memoria de mí. (1 Corintios 11.23-24)

El pastor tomará y levantará la copa de la mesa de la Cena del Señor diciendo:

Asimismo tomó también la copa, después de haber cenado, diciendo: Esta copa es el nuevo pacto en mi sangre; haced esto todas las veces que la bebiereis, en memoria de mí. Así, pues, todas las veces que comiereis este pan, y bebiereis esta copa, la muerte del Señor anunciáis hasta que él venga. (1 Corintios 11.25-26)

Gran oración de acción de gracias: Padre, venimos a esta mesa como tus invitados, descansando solo en la dignidad de tu Hijo. Al mirar los emblemas de la muerte de nuestro Señor que recordemos por qué murió: para limpiar y sanar; para satisfacer tu justicia. Recordamos su amor eterno y su gracia infinita. Que recibamos la seguridad del perdón, la vida eterna y la esperanza de gloria. Mientras el pan y la copa nutren nuestro cuerpo, así mismo tu Espíritu Santo more en nosotros y fortalezca nuestra alma, hasta el día en que Cristo aparezca, cuando ya no tendremos hambre ni sed y nos sentaremos en su mesa celestial. Amén.

Esta oración puede concluir con toda la gente orando en voz alta el Padre Nuestro. Esto podría ser hablado o cantado.

Padre nuestro que estás en los cielos,
santificado sea tu nombre.
Venga tu reino.
Hágase tu voluntad, como en el cielo,
así también en la tierra.
El pan nuestro de cada día,
dánoslo hoy.
Y perdónanos nuestras deudas,
como también nosotros perdonamos a nuestros deudores.
Y no nos metas en tentación, mas líbranos del mal;

porque tuyo es el reino, y el poder, y la gloria,
por todos los siglos. Amén. (Mateo 6.9-13)

Distribución de los elementos: *La distribución de los elementos debe hacerse en silencio, con música de fondo o con la congregación cantando.*

El pastor entrega las bandejas o canastas conteniendo el pan a los ujieres de la Cena del Señor. Si son piezas reales de pan integral, eso le añade al simbolismo del cuerpo. Cuando los ujieres de la Cena del Señor hayan distribuido el pan entre toda la gente que está participando regresarán las bandejas o canastas al pastor en la mesa. Entonces el pastor les sirve a los ujieres de la Cena del Señor. El pastor pide a la gente que se pongan de pie juntos y levanta su propia porción diciendo:

El cuerpo de nuestro Señor Jesucristo, que nos es dado. Comamos todos juntos.

El pastor entrega las bandejas conteniendo la copa a los ujieres de la Cena del Señor. Cuando los ujieres hayan distribuido la copa entre toda la gente que está participando, regresan las bandejas al pastor en la mesa. Entonces el pastor sirve la Cena del Señor a los ujieres. El pastor pide a la gente que se ponga de pie y levanta su propia porción diciendo:

La sangre de nuestro Señor Jesucristo, a través de la cual tenemos el perdón de nuestros pecados. Tomemos juntos.

Oraciones de la gente: *A la Cena del Señor le sigue un momento de oración. La gente de la congregación puede hacer estas oraciones mientras el pastor introduce tópicos específicos o la gente puede acercarse a la mesa para orar en silencio o para orar con otra persona. Tener gente con el don de la oración intercesora para orar con los que vienen a la mesa es también* *de mucha ayuda. Sin embargo, en este momento el pastor puede escoger una oración pastoral por la congregación.*

Ofrenda de benevolencia: *Una ofrenda de benevolencia podría ser recaudada para los necesitados de la iglesia local o para un proyecto especial dentro de la comunidad de iglesias o de la denominación.*

Bendición: *El pastor pide a la congregación que se levante para la bendición. La bendición podría ser un versículo de la Escritura que culmine el tema del sermón o de la Cena del Señor.*

La gracia del Señor Jesucristo, el amor de Dios, y la comunión del Espíritu Santo sean con todos vosotros. Amén. (2 Corintios 13.14)

Servicio de Cena ágape

Rev. Todd Kinde

La Fiesta del amor o la Cena ágape se menciona en el Nuevo Testamento como una reunión de la iglesia local para celebrar la Cena del Señor. Esta comida era una cena común donde todos compartían. El pan y la copa conformaban el momento más importante de esta cena sencilla. Esta era una expresión maravillosa de la unidad dentro de la comunidad de creyentes. Un espacio provisto en una sala de actividades resulta bien para una cena ágape. Las familias pueden estar sentadas a las mesas durante todo el servicio.

Esta comida debe ser sencilla para mantener el enfoque en la ordenanza o sacramento de la Cena del Señor. Se debe colocar la comida en las mesas antes que comience el servicio para evitar movimientos en el transcurso del mismo. Por ejemplo, se pueden poner todos los elementos necesarios para la preparación de sándwiches, junto con papitas, pretzels o tortillas. Durante las temporadas del otoño y el invierno las sopas también pueden ser parte de la comida. La congregación puede disfrutar y participar trayendo una variedad de postres para compartir, los que pueden ser colocados en una mesa para un buffet.

Ponga pedazos grandes de pan en el centro de cada mesa. Ponga también una vela en el centro de cada mesa para representar a Cristo que es la Luz del mundo. Una pequeña copa de vino o jugo de uva debe estar previamente colocada en cada mesa. Usted querrá tener copas separadas para las bebidas principales de la comida.

Se puede preparar una mesa pequeña con el pan y una copa y colocarla en el centro del salón en medio de las mesas o en el frente del salón. Asegúrese de que la mesa es lo suficientemente alta para que sea vista por toda la gente. Entonces el pastor partirá ese pan y levantará esa copa mientras se pronuncian las palabras de la institución.

La duración de este servicio es alrededor de noventa minutos.

Ejemplo del orden de un servicio de Cena ágape

Preludio

Palabras de bienvenida

Cantos de reunión

Invocación

Encendido de la vela de Cristo

Lectura bíblica

Canto de respuesta

Meditación de la Escritura

Imparta paz

Gran oración de gratitud

Rompiendo el pan

Tomando de la copa

Canto de acción de gracias

Comida ágape

Bendición

Ejemplo detallado de un servicio de Cena ágape

Preludio: *La música debe ser sencilla y que invite, se toca suavemente mientras la gente vaya llegando.*

Palabras de bienvenida: *Se pueden decir algunas palabras de bienvenida mientras la gente va llegando y se acomodan en las mesas. Estas palabras* *deben tener un sentido cálido y hospitalario, como en una reunión familiar.*

Cantos: *Seleccione algunos cantos que reflejen la naturaleza de la comunidad adoradora pero manteniéndola enfocada en la razón de la reunión: la Cena del Señor. Dos o tres cantos deben ser suficientes. El acompañamiento musical puede ser con guitarra acústica, piano o un teclado digital. También los cantos podrían ser a capela, lo que sería muy efectivo en este entorno.*

Invocación: Dios Salvador, nos hemos reunido juntos en tu nombre. Hónranos con tu bendita presencia. Que nuestra comunión contigo sea calurosa. Que nuestro compañerismo mutuo sea dulce. Amén.

Encendido de la vela de Cristo: Otra vez Jesús les habló, diciendo: Yo soy la luz del mundo; el que me sigue, no andará en tinieblas, sino que tendrá la luz de la vida. (Juan 8.12)

Encendamos la vela de Cristo en nuestras mesas.

Un miembro de cada mesa puede encender la vela que representa a Cristo. Asegúrese de tener cerillos en cada mesa.

Lectura bíblica: *Seleccione un pasaje de la Escritura que se enfoque en la obra de Cristo por nuestra salvación o en el compañerismo que compartimos por el trabajo que completó por nosotros. Procure pasajes alusivos a la temporada como los de Adviento, Navidad, Cuaresma, Resurrección, Pentecostés, etc. Esta Escritura debe servir de base para la meditación que vendrá después.*

Canto de respuesta: *Seleccione un canto que reflexione sobre los temas de la Escritura leída. Un simple canto de gracias y alabanza podría resultar bien en respuesta a la lectura de la Palabra.*

Meditación en la Escritura: *Le meditación debe ser breve, quizás algunos diez minutos de extensión.*

Imparta paz: *Cuando Jesús se aparecía a sus discípulos después de la resurrección con mucha frecuencia les saludaba diciendo: «La paz sea contigo». La Cena ágape es un buen momento para expresarse unos a otros una oración que pida la bendición de la paz de Jesús. Este podría ser un tiempo para perdonarse entre sí y restaurar relaciones.*

El pastor extiende sus manos hacia la gente y dice:

¡La paz de Cristo sea con todos ustedes!

La gente responde:

¡Y también contigo!

Entonces las personas se dirigen unos a otros para repetirse la frase o quizás dándose la mano o un abrazo. No se apresure con esto; dé tiempo para que la gente se mueva por el salón.

Gran oración de gratitud: *Cuando parezca que la gente ha terminado de impartir la paz entre sí, el pastor entonces ora por los elementos de la Cena del Señor.*

Padre, venimos a esta mesa descansando solo en los méritos de tu Hijo. Mientras miramos los emblemas de la muerte de nuestro

Salvador y recordamos por qué murió —para limpiar y sanar; para satisfacer tu justicia—, recordamos su amor eterno y su gracia infinita. Que recibimos la seguridad del perdón, la vida eterna y la esperanza de gloria. Mientras el pan y la copa alimentan nuestro cuerpo, así tu Espíritu Santo more en nuestra alma y la fortalezca hasta el día de la aparición de Cristo cuando ya no tendremos más hambre ni sed, y nos sentaremos con Él en la mesa celestial. Amén.

Rompimiento del pan: *El pastor tomará una hogaza de pan de la mesa pequeña en el centro o frente al salón y lo romperá, diciendo:*

Porque yo recibí del Señor lo que también os he enseñado: Que el Señor Jesús, la noche que fue entregado, tomó pan; y habiendo dado gracias, lo partió, y dijo: Tomad, comed; esto es mi cuerpo que por vosotros es partido; haced esto en memoria de mí. (1 Corintios 11.23-24)

Entonces un miembro de cada mesa rompe o rebana la pieza de pan de cada mesa, tomando un pedazo pequeño para sí y pasando el resto mayor a los otros en la mesa. Cuando todos se han servido el pastor levanta su porción y dice:

El cuerpo de nuestro Señor Jesucristo, que es dado por nosotros. Comamos juntos.

Tomando de la copa: *El pastor toma la copa de la mesa pequeña en el centro o el frente del salón y la levanta, diciendo:*

Asimismo tomó también la copa, después de haber cenado, diciendo: Esta copa es el nuevo pacto en mi sangre; haced esto todas las veces que la bebiereis, en memoria de mí. Así, pues, todas las veces que comiereis este pan, y bebiereis esta copa, la muerte del Señor anunciáis hasta que él venga. (1 Corintios 11.25-26)

Cada miembro en las mesas puede tomar la copa que está colocada en su lugar. El pastor dirá:

La sangre de nuestro Señor Jesucristo, a través de la cual tenemos perdón de nuestros pecados. Tomemos juntos.

Canto de acción de gracias: *Este canto debe ser una expresión gozosa de gratitud a Dios por nuestra redención.*

Cena ágape: *Dé instrucciones sobre cómo se comerá la cena. Mantenga la cena sencilla y trate de tener todos los elementos de la comida ya preparados en la mesa. Use el pan que fue parte de la Cena del Señor como elemento principal de la cena. Será bueno poner el pan en un cortador de pan con un cuchillo de cortar pan. Cuando la gente haya terminado de comer el plato principal podrán ir a la mesa de los postres traídos por la misma gente.*

Bendición: *El pastor se dirige a la gente y quizás comparta algunos asuntos familiares relacionados al compañerismo. El pastor entonces concluye la cena ágape con una bendición.*

Que caminen en la luz, como Él es la luz, y tengan compañerismo unos con otros, por la sangre de Jesucristo su Hijo que nos limpia de todo pecado (adaptado de 1 Juan 1.7).

Sermón de la Cena del Señor

Rev. Richard Sharpe

Escritura: 1 Corintios 11.23-32

Introducción: La iglesia de Corinto estaba aquejada por muchos problemas. Decimos que todas las iglesias tienen conflictos ya que están compuestas por personas. La gente de esta iglesia en particular no tenía problema en tolerar el pecado entre sus miembros. No tenían reservas contra el tratar a unos mejor que a otros. No tenían escrúpulos para retener la comida de los menos afortunados. Al principio de la iglesia se celebraba una comida de compañerismo llamada la «fiesta del amor», que era seguida de la Cena del Señor. Algunos le llamaban la comida ágape que todavía se practica en algunas iglesias modernas. Cada uno tenía que traer algo a esa fiesta y compartirlo con todos los que llegaban, muy parecido a los convivios (pot-luck) modernos. Imagínese a alguien escondiendo su guisado de ciertos miembros de la congregación; ¡esto es lo que estaba sucediendo! Pablo se oponía fuertemente a esa conducta. Por lo que les advirtió en su carta que no estaban honrando la memoria de la muerte de Cristo por sus pecados. De hecho, les dijo que estaban pecando en la mesa de la Cena del Señor. Él quería detener eso. Escuche el pasaje mientras lo desempacamos.

1. Los elementos propios de la Cena del Señor (vv. 23-26).

Porque yo recibí del Señor lo que también os he enseñado: Que el Señor Jesús, la noche que fue entregado, tomó pan; y habiendo dado gracias, lo partió, y dijo: Tomad, comed; esto es mi cuerpo que por vosotros es partido; haced esto en memoria de mí. Asimismo tomó también la copa, después de haber cenado, diciendo: Esta copa es el nuevo pacto en mi sangre; haced esto todas las veces que la bebiereis, en memoria de mí. Así, pues, todas las veces que comiereis este pan, y bebiereis esta copa, la muerte del Señor anunciáis hasta que él venga.

Pablo recibió instrucciones de Cristo acerca de la Cena del Señor. Fue el apóstol que aceptó a Cristo después de su crucifixión. El que acostumbraba perseguir a la iglesia. Fue salvado de manera milagrosa. Pablo estuvo durante tres años recibiendo instrucciones de Cristo; una de las cosas en las que fue instruido tenía que ver con esta cena. Así que compartió con autoridad con la iglesia de Corinto lo que había aprendido. Ellos fueron instruidos en la forma apropiada para celebrar la muerte del Señor.

- A. *El pan:* El pan representaba el cuerpo de Cristo que murió en la cruz por nuestros pecados. Él sufrió muchos abusos camino a la cruz. Su cuerpo en la cruz estaba destrozado. Sufrió en la cruz, lo dio todo por todos nosotros.

- B. *La copa:* La copa representa la sangre de Cristo que fue derramada por nuestros pecados. La Biblia dice que sin derramamiento de sangre no hay perdón de pecados (Hebreos 9.22). Cristo tenía que derramar su sangre por nosotros. El sacrificio de animales en el Antiguo Testamento se proyectaba al futuro cuando Cristo habría de derramar su sangre por los pecados del mundo. Ese fue el sacrificio definitivo que se necesitaba para salvar al mundo. Su sangre es suficiente para aquellos que le aceptan como Salvador personal. Pablo nos dice que al celebrar con estos elementos se le recuerda a la iglesia el sacrificio de Cristo. Cuán fácilmente y con frecuencia olvidamos; cuánto nos quejamos de los pequeños sacrificios que tenemos que hacer, ¡ignorando el increíble sacrificio del cuerpo y la sangre de Jesús!

2. Las actitudes apropiadas para la Cena del Señor (vv. 27-29).

De manera que cualquiera que comiere este pan o bebiere esta copa del Señor indignamente, será culpado del cuerpo y de la sangre del Señor. Por tanto, pruébese cada uno a sí mismo, y coma así del pan, y beba de la copa. Porque el que come y bebe indignamente, sin discernir el cuerpo del Señor, juicio come y bebe para sí.

Hay dos formas en que alguien puede tomar la Cena del Señor. Pablo lo dice claramente a los miembros de la iglesia. También lo hace claro a nosotros. ¿Qué es lo que hace la diferencia?

A. *Aquellos que van a tomar la Cena del Señor deben examinarse a sí mismos.* Los que se examinan a sí mismos antes de tomarla son los que lo hacen de una manera digna. ¿Para qué se examinan a sí mismos? Por el pecado; el pecado nos aleja de una buena relación con Dios. Cuando nos examinamos a nosotros mismos, estamos llamados a confesarlo. Dios ha prometido perdonarnos y restaurarnos a una comunión apropiada con Él. (1 Juan 1.9)

B. *Aquellos que no se examinan a sí mismos serán juzgados.* Este grupo lo forman los individuos que deciden venir a la iglesia frívolamente, sin tomar en serio el pecado que plaga sus vidas. Podrían ser gente que han aceptado a Cristo como su Salvador pero no viven una vida comprometida. Son los que a veces llamamos «cristianos domingueros»; la gente fuera de la iglesia les llama «hipócritas». Este grupo es conocido por el pastor como los individuos que se sientan, empapan y agrian el banco. Son los que usualmente encuentran faltas en todo en la iglesia. Son los que normalmente no se involucran en la lectura diaria de la Biblia. Son muchas las cosas que los separan de Dios. Este tipo de persona deben reflexionar y arrepentirse antes de tomar la Cena del Señor, porque el Señor no va a tolerar su conducta: habrá consecuencias:

> Por lo cual hay muchos enfermos y debilitados entre vosotros, y muchos duermen. Si, pues, nos examinásemos a nosotros mismos, no seríamos juzgados; mas siendo juzgados, somos castigados por el Señor, para que no seamos condenados con el mundo. (vv. 30-32)

a. Muchos se enferman y debilitan. Este tipo de juicio es llamado «escarmiento». Esos individuos que han aceptado a Cristo como su Salvador personal, pero no están viviendo para el Señor, van ser juzgados por este. Si alguno de ustedes está viviendo una vida de pecado y no está siendo escarmentado ni disciplinado, asegúrese de ser un verdadero creyente. La Biblia dice: «Porque el Señor al que ama, disciplina, y azota a todo el que recibe por hijo» (Hebreos 12.6). Vemos a muchos cristianos que viven en esta condición. Una vez visité un cuarto de hospital donde estaba una mujer con un problema de salud. Ella me dijo privadamente que sabía que estaba enfrentando ese problema porque estaba involucrada en una relación extramarital. Confesó su pecado al Señor y fue sanada. Antes de que reflexione en el sacrificio de Cristo debe arrepentirse, restaurarse y renovarse.

b. Muchos mueren. Este juicio es terminal. La Biblia usa el término «dormir» cuando se habla de la muerte de un cristiano. Encontramos aquí que algunos cristianos mueren prematuramente por el pecado en sus vidas. Tuve un adolescente en una de mis iglesias que tenía un problema con la bebida. Le hice algunas sugerencias, las que nunca siguió. Él «necesitaba» estar con sus amigos. Una noche estos lo retan a tomarse una botella de whiskey después de consumir una gran cantidad de cerveza. Murió como consecuencia de la combinación. Él sabía lo que tenía que hacer, pero no quería dejar a sus amigos. Amigos, no vayan tan lejos. Corten el pecado en sus raíces, porque la Escritura dice: «Entonces la concupiscencia, después que ha concebido, da a luz el pecado; y el pecado, siendo consumado, da a luz la muerte» (Santiago 1.15).

Conclusión: La iglesia de Corinto tenía algunos problemas reales. La iglesia moderna tiene muchos de los mismos problemas. Hay muchos cristianos que se presentan ante la mesa del Señor sin examinar sus vidas. Con eso retan a la Palabra de Dios; y van a perder. Dios va a tratar con sus hijos. Si usted está aquí y no ha examinado su vida por el pecado, le reto a que examine su relación con Dios. ¿Está viviendo en compañerismo con Dios? ¿Está manteniendo al día sus cuentas con Él? Si hay pecado en su vida, ¿está dispuesto a confesarlo, a abandonarlo y a seguir al Señor más de cerca? Usted puede tomar esa decisión. La Cena del Señor puede ser una experiencia de adoración y dignidad, un tiempo de arrepentimiento y recordación, o puede ser un momento de desobediencia que podría resultar en la más seria disciplina del Señor. Vamos a pasar un tiempo de oración y autoexamen antes de compartir la Cena del Señor.

Adoración

Hoja de trabajo para diseñar el culto de adoración

Jerry Carraway

Tema _____ Fecha _____

Predicador _____ Director de adoración _____

Pre-servicio:
- ❑ Anuncios
- ❑ Música grabada
- ❑ Música en vivo

Alabanza y adoración:

❑ _____	❑ _____
❑ _____	❑ _____
❑ _____	❑ _____
❑ _____	❑ _____

❑ Coro: _____

❑ Solista u otra ofrenda musical: _____

❑ Oraciones: _____

La Palabra hablada:

- ❏ Escritura(s) _____ Lector _____
- ❏ Título del mensaje: _____

Respuesta:

- ❏ Himno de cierre/Himno de respuesta: _____
- ❏ Ofrenda: _____
- ❏ Bendición _____

Otros elementos:

- ❏ Drama: _____
- ❏ Video: _____
- ❏ Testimonios: _____
- ❏ Mensaje para niños: _____
- ❏ Bautismos: _____
- ❏ Tiempo de oración: _____
- ❏ Otro: _____

Invocaciones

La invocación es una oración formal breve usualmente dicha casi al principio del culto de adoración, pidiendo la misericordia y la presencia de Dios. La invocación puede ser pertinente al evento (boda, funeral, etc.) o puede ser general como las siguientes sugerencias.

Padre, Creador del cielo y la tierra, al juntarnos ante tu gloriosa presencia, haznos dignos de estar delante de ti por el sacrificio de tu Hijo Jesucristo, en cuyo nombre oramos, amén.

Escudríñanos, oh Dios, y conoce nuestros corazones; pruébanos y conoce nuestros pensamientos: ve si hay en nosotros algún camino de iniquidad, y guíanos por el camino eterno, amén (de Salmo 139.23-24).

Señor, oramos con el salmista: «Como el ciervo brama por las corrientes de las aguas, así clama por ti, oh Dios, el alma mía. Mi alma tiene sed de Dios, del Dios vivo… [adaptado de Salmo 42.1-2]. Así que ahora en tu misericordia concédenos tu gracia y dirección, en el nombre de Jesús, amén.

¿Quién podrá entender sus propios errores? Líbrame de los que me son ocultos. Preserva también a tu siervo de las soberbias; Que no se enseñoreen de mí; entonces seré íntegro, y estaré limpio de gran rebelión. Sean gratos los dichos de mi boca y la meditación de mi corazón delante de ti, oh Jehová, roca mía, y redentor mío, amén (de Salmo 19.12-14).

Señor amado, Abraham no pudo contar las estrellas, pero tú las conoces por su nombre; cuánto más nos conoces a nosotros, oh Dios. Tú vistes los campos de esplendor, y cuánto más has provisto para nosotros, oh Dios. Y ahora confiamos que nos bendecirás hoy al reunirnos en tu nombre, amén.

Señor, como dice el salmista, «Yo me alegré con los que me decían: A la casa de Jehová iremos» (Salmo 122.1), permítenos alegrarnos delante de ti y en tu Espíritu en este día, amén.

Dios de Abraham, de Isaac y de Jacob, siempre eres fiel a tu pacto con los tuyos. Perdona nuestro pecado y renueva nuestros corazones delante de ti en esta hora, amén.

Dios Santo que nos conoces por nombre, venimos delante de ti como Moisés diciendo: «Si tu presencia no ha de ir conmigo, no nos saques de aquí» (Éxodo 33.15). Porque sin tu presencia, nuestra adoración y aun nuestra existencia sería en vano. Sé siempre con nosotros, amén.

Quién podrá comprender tu grandeza, oh Dios, ¡porque tu gloria llena toda la tierra! Con todo, ni siquiera un gorrión cae al suelo aparte de tu mano. Así que, Señor, en tu gloria y en tu gracia, guíanos con tu Santo Espíritu, en el nombre de Jesús, amén.

Oraciones para el ofertorio

Dios, al darte nuestros diezmos y ofrendas hoy, reconocemos que solo somos mayordomos de tus recursos. Confiamos en que bendecirás este regalo en beneficio de tu reino. En el nombre de Jesús.

Oh Padre celestial, tú nos has dicho que cosecharemos lo que sembramos. Esto es cierto no solo respecto de nuestro carácter, sino también en cuanto a nuestra conducta. Queremos confiar en ti con nuestros diezmos y ofrendas, sabiendo que eres confiable para usarlos en tu reino y para continuar proveyendo para nosotros. Porque tu Palabra dice: «El que siembra escasamente, también segará escasamente; y el que siembra generosamente, generosamente también segará. Cada uno dé como propuso en su corazón: no con tristeza, ni por necesidad, porque Dios ama al dador alegre» (2 Corintios 9.6-7). Ayúdanos a ser dadores alegres en este día, en el nombre de Jesús, amén.

Dios del cielo y la tierra, en la perspectiva de tu dignidad, te pedimos que uses esta ofrenda para la predicación de tu Palabra, para la provisión de tus testigos y para la proclamación de tus obras a través de la tierra. Amén.

Padre, mientras tu Hijo estaba en el templo vio cómo el rico ofrendaba grandes cantidades de dinero, sin embargo se fijó en la mujer pobre que solo dio algunos centavos y dijo: «De cierto os digo que esta viuda pobre echó más que todos los que han echado en el arca; porque todos han echado de lo que les sobra; pero ésta, de su pobreza echó todo lo que tenía, todo su sustento» (Marcos 12.43-44). Seamos ricos o pobres, ayúdanos a dar sacrificialmente. Bendice nuestros diezmos y ofrendas ahora, en el nombre de Jesús, amén.

Dios, tú riegas los campos y alimentas a los animales de la tierra. Tu provisión es abundante y evidente en el mundo y en nuestras vidas. Te pedimos que nos concedas un espíritu generoso y un corazón que confíe, para que puedas ser el Señor de los recursos que ahora te devolvemos, en el nombre de Jesús, amén.

Oh Dios, hacedor nuestro y Dios nuestro, confiamos en ti hoy para que bendigas estos diezmos y ofrendas para adelantar tu reino. También confiamos que vas a continuar con tu fiel provisión para nosotros, porque has dicho: «Traed todos los diezmos al alfolí y haya alimento en mi casa; y probadme ahora en esto, dice Jehová de los ejércitos, si no os abriré las ventanas de los cielos, y derramaré sobre vosotros bendición hasta que sobreabunde» (Malaquías 3.10).

Señor, al reunirnos en tu presencia en esta casa de adoración y oración, no podemos evitar reconocer tus bondades con nosotros. Como el salmista, cada día «gustamos y vemos que Dios es bueno» (Salmo 34.8). En vista de tu misericordia y provisión, especialmente en el máximo sacrificio de Jesucristo en la cruz del Calvario, voluntariamente te entregamos nuestros diezmos y ofrendas. Te pedimos que los bendigas por tu nombre y por nosotros, en el nombre de Jesús oramos, amén.

Bendiciones

General: Despídenos ahora, oh Dios, en tu nombre. Envíanos con tu fortaleza. Mantennos bajo tu cuidado. Porque tuyo es el reino, el poder y la gloria, por siempre, amén.

Cuídanos durante este día, oh Dios. Protégenos durante toda esta semana hasta que volvamos a reunirnos en tu nombre en la asamblea de los santos. Amén.

Despídenos con tu amor, oh Dios. Bendícenos y cuídanos Padre nuestro, y que Dios sea con nosotros hasta que nos volvamos a reunir.

Que el gran Dios del cielo y Jesucristo nuestro Señor inunde nuestras mentes, venza nuestras debilidades y escuche nuestra alabanza a través de este día y la semana, para su gloria. Amén.

Y ahora, Padre celestial, que salgamos de este lugar para llevar luz a los que andan en tinieblas y en valles de sombra y de muerte, y para guiar sus pasos al camino de la paz. Amén.

Despídenos de este lugar con tu bendición sin igual, grande y poderosa, en el nombre de Jesús oramos. Amén.

La gracia de nuestro Señor Jesucristo, el amor de Dios y la comunión del Espíritu Santo sea con todos ustedes. Amén.

Oh Dios, concédenos algunos destellos de tu belleza y haznos dignos de contemplarla al descubierto por siempre; por los méritos de Jesucristo nuestro Señor. Amén.

Ahora, que el Señor use esta semana para extender y fortalecer su reino para Cristo y para su gloria, en el nombre de Jesús. Amén.

Despídenos, Padre, con un corazón victorioso. Llévanos por nuestro camino como más que victoriosos. Danos esta semana un espíritu de triunfo. En el nombre de Jesús. Amén.

Oh Dios, al salir de este lugar, que cada uno de nosotros diga con el antiguo profeta: Heme aquí, envíame a mí. Acércanos a los adoradores y envíanos a los trabajadores esta semana. Oramos en el nombre de Jesús. Amén.

Señor, gracias por los cánticos que hemos entonado. Gracias por las súplicas que hemos elevado. Gracias por el sermón que ha sido presentado. Ahora, oh Dios, que salgamos para servir hasta que nos reunamos de nuevo o en el mundo mejor. Amén.

De la Escritura: «Jehová te bendiga, y te guarde; Jehová haga resplandecer su rostro sobre ti, y tenga de ti misericordia; Jehová alce sobre ti su rostro, y ponga en ti paz». (Números 6.24-26)

«Sean gratos los dichos de nuestra boca y la meditación de nuestro corazón delante de ti, oh Jehová, roca nuestra, y redentor nuestro». (del Salmo 19.14)

Que la bondad y misericordia de Dios nos sigan cada día y cada hora de esta semana, y que moremos en la casa del Señor por largos días. Amén. (adaptado del Salmo 23)

«Ayúdanos, oh Dios de nuestra salvación, por la gloria de tu nombre; y líbranos, y perdona nuestros pecados por amor de tu nombre». (Salmo 79.9)

«Sea la gloria de Jehová para siempre; alégrese Jehová en sus obras». (Salmo 104.31)

«Pero el Dios de la paciencia y de la consolación os dé entre vosotros un mismo sentir según Cristo Jesús, para que unánimes, a una voz, glorifiquéis al Dios y Padre de nuestro Señor Jesucristo». (Romanos 15.5-6)

«La gracia de nuestro Señor Jesucristo, el amor de Dios y la comunión del Espíritu Santo sea con todos vosotros. Amén». (2 Corintios 13.14)

«Por tanto, al Rey de los siglos, inmortal, invisible, al único y sabio Dios, sea honor y gloria por los siglos de los siglos. Amén». (1 Timoteo 1.17)

«La cual a su tiempo mostrará el bienaventurado y solo Soberano, Rey de reyes, y Señor de señores, el único que tiene inmortalidad, que habita en luz inaccesible; a quien ninguno de los hombres ha visto ni puede ver, al cual sea la honra y el imperio sempiterno. Amén». (1 Timoteo 6.15-16)

«Gracia, misericordia y paz, de Dios Padre y de Jesucristo nuestro Señor». (2 Timoteo 1.2)

«Y el Dios de paz que resucitó de los muertos a nuestro Señor Jesucristo, el gran pastor de las ovejas, por la sangre del pacto eterno, os haga aptos en toda obra buena para que hagáis su voluntad, haciendo él en vosotros lo que es agradable delante de él por Jesucristo; al cual sea la gloria por los siglos de los siglos. Amén». (Hebreos 13.20-21)

«...A él sea gloria ahora y hasta el día de la eternidad. Amén». (2 Pedro 3.18)

«Y a aquel que es poderoso para guardaros sin caída, y presentaros sin mancha delante de su gloria con gran alegría, al único y sabio Dios, nuestro Salvador, sea gloria y majestad, imperio y potencia, ahora y por todos los siglos. Amén». (Judas 24-25)

«...[al que] nos amó, y nos lavó de nuestros pecados con su sangre, y nos hizo reyes y sacerdotes para Dios, su Padre; a él sea gloria e imperio por los siglos de los siglos. Amén». (Apocalipsis 1.5-6)

Calendario eclesiástico

Este calendario es un bosquejo de los eventos principales del año relacionados con la iglesia. Algunas de las fechas litúrgicas más importantes serán brevemente explicadas. Por cuanto el calendario cambia cada año, no se dan fechas específicas, pero pueden ser determinadas partiendo de las fechas de la Navidad y la Resurrección de cada año dado.

Epifanía: La palabra «epifanía» viene de un vocablo griego que significa «manifestación» o «presentación». Esta cae cada año el 6 de enero. Con frecuencia se le llama el «Decimosegundo día», el «Día de los tres reyes» o la «Pequeña Navidad». Esta fecha conmemora la visita de los sabios del oriente a Belén; las iglesias del oriente celebran el bautismo de Jesús en esa fecha, otras celebran la Boda de Canaán. A la víspera de la Epifanía se le llama frecuentemente el «Decimosegundo día». La Epifanía se celebra frecuentemente en el domingo comprendido entre el dos y el ocho de enero.

La fiesta del bautismo del Señor: En las iglesias occidentales se celebra el fin de la temporada navideña el domingo siguiente a la Epifanía con la fiesta del bautismo del Señor.

Domingo de celebración de la santidad de la vida humana: Este evento es un tiempo designado para que los ministros y las congregaciones se unan y enfoquen en los valores de la santidad de la vida humana. Tradicionalmente este día cae en el domingo más cercano al aniversario de la decisión de la Corte Suprema de Estados Unidos del 22 de enero de 1973 acerca del caso *Roe vs. Wade*. Muchas de las denominaciones escogen el tercer domingo de enero para reconocer este día. Sin embargo, este domingo puede coincidir con la observación del cumpleaños de Martin Luther King hijo, lo que causa competencia entre dos hechos muy importantes de los derechos civiles. Por eso muchas de las congregaciones observan la «Semana de la santidad de la vida humana», que incluye el tercero y cuarto domingos de enero.

Miércoles de ceniza: El miércoles de ceniza es el primer día de la cuaresma. Este es el miércoles que cae cuarenta días antes de la resurrección. Esto marca la temporada de disciplina que debe preparar a los adoradores para la resurrección. Estos cuarenta días son un recordatorio de los cuarenta días de ayuno de Jesús en el desierto después de su bautismo.

Semana Santa: La Semana Santa, frecuentemente llamada «Semana de la Pasión», es la que precede a la resurrección que celebra varios de los eventos finales de la vida de Cristo:

> **Domingo de palmas:** Es el domingo antes de la resurrección. Esta fecha marca el comienzo de la Semana Santa. El domingo de palmas se basa en la entrada triunfal de Jesús a Jerusalén, cuando las multitudes pusieron palmas y ropas frente a Él. El domingo de palmas cambia el enfoque de los días de disciplina que precedieron para mirar anticipadamente al sufrimiento y muerte de Jesús seguido de su resurrección.
>
> **Jueves del lavatorio**: El jueves del lavatorio, llamado también Jueves Santo, recuerda la Última Cena en que Jesús instituyó un Nuevo Pacto, después del cual fue arrestado en el huerto de Getsemaní. En el jueves de lavatorio muchas iglesias pro-

testantes celebran la Cena del Señor, mientras que los católicos celebran una misa especial.

Viernes santo: Este día observa la crucifixión y muerte de Jesús en la cruz. Muchas iglesias celebran servicios de duelo; algunos servicios duran desde el medio día hasta las tres de la tarde, simbolizando las tres horas finales de tinieblas cuando Jesús sufrió y finalmente murió en la cruz. Tradicionalmente los cristianos ayunan o comen muy poco ese día.

Sábado santo: Ese día las iglesias católicas romanas y las ortodoxas orientales frecuentemente celebran servicios de vigilia con la luz de las velas comenzando al caer la noche. Muchas veces esos servicios incluyen el bautismo de nuevos miembros. El clímax de este evento ocurre cuando cada persona apaga su propia vela. Entonces el sacerdote o ministro enciende otra vela, representando al Cristo resucitado. La llama se pasa de persona a persona, representando a Jesús como la luz del mundo. Este servicio tiene el tiempo controlado —en las iglesias ortodoxas orientales— de manera que el sacerdote o ministro encienda su vela exactamente a la medianoche. Después que cada vela es encendida, entonces la ceremonia se convierte en una celebración de la resurrección.

Domingo de resurrección: La resurrección se celebra el primer domingo después de la luna llena siguiente al Equinoccio vernal. Es mucho más fácil consultar cualquier calendario secular para encontrar la fecha específica. Este domingo celebra la resurrección de Jesucristo de los muertos y su aparición ante muchos testigos. Frecuentemente se celebran servicios matutinos que simbolizan al Cristo que acaba de resucitar.

Día Nacional de Oración: Una resolución conjunta del Congreso en 1952, firmada por el presidente estadounidense Harry Truman, inició una celebración anual en Estados Unidos del día de oración. Esta ley fue enmendada en 1988 por el presidente Ronald Reagan, estableciendo permanentemente el primer jueves de mayo como el Día Nacional de Oración. Cada año el presidente firma una proclamación que estimula a todos los estadounidenses a celebrar un tiempo especial de oración en ese día.

Día de la Madre: Esta fiesta honra a las madres y siempre cae el mismo domingo en diferentes meses dependiendo del país.

Día de la Ascensión: Este día cae cuarenta días después de la resurrección y siempre se celebra el jueves. Es muy posible que sea la fiesta más temprana observada en el cristianismo, reconociendo la ascensión de Cristo al cielo después de su resurrección. Las iglesias a veces tienen servicios especiales en ese día o celebran el evento el domingo siguiente.

Día del Padre: Esta fiesta honra a los padres y siempre cae el tercer domingo de junio.

Pentecostés: Pentecostés es reconocido como el domingo cincuenta días después de la resurrección, recordando cuando los discípulos se reunieron en el Aposento alto y el Espíritu descendió sobre ellos, luego Pedro predicó al pueblo y se convirtieron para formar el primer grupo de creyentes del Nuevo Testamento.

Domingo de la Trinidad: Como fue después del Pentecostés que esta doctrina de la Trinidad comenzó a esparcirse a través del mundo, este domingo es llamado apropiadamente «Domingo de la Trinidad». Las enseñanzas en este día giran alrededor de la doctrina teológica sobre la Trinidad.

Día de la Transfiguración: Reconocido el 6 de agosto, este evento conmemora la transfiguración en el Monte Tabor cuando la apariencia física de Jesús se hizo radiante y aparecieron Moisés y Elías con Él y la voz audible del Padre se escuchó.

Día internacional de oración por la iglesia perseguida: Este día casi siempre cae en el segundo o tercer domingo de noviembre. Es un día en que todos los cristianos interceden por la iglesia perseguida alrededor del mundo. El enfoque principal es que los cristianos participen en la intercesión por las comunidades de creyentes perseguidos y, en segundo lugar, para aumentar la conciencia y la pro actividad sobre este asunto.

Día de Acción de Gracias: Este día se celebra en Estados Unidos el cuarto jueves de noviembre de cada año para conmemorar la provisión de Dios en la historia estadounidense: Después de llegar a Massachussets a finales de noviembre del 1620, los peregrinos protestantes trataron de encontrar un lugar donde desembarcar. Después de ello, rápidamente empezaron a construir un refugio para celebrar la oración corporativa. Los peregrinos no estaban preparados para un invierno rudo en Nueva Inglaterra y casi la mitad de ellos murieron antes de la primavera. Con la ayuda de los indios y mucha oración, los peregrinos recogieron una increíble cosecha el verano siguiente. Entonces los peregrinos instituyeron una celebración de tres días para darle gracias a Dios por su provisión. Aunque este no fue el primer servicio de acción de gracias celebrado en Estados Unidos de América, fue el primer festival de acción de gracias.

Adviento: Adviento es el comienzo del año eclesiástico cristiano, pero se celebra al final del año calendario. Comienza el domingo más cercano al día de San Andrés (que se celebra el 30 de noviembre), y continúa hasta la víspera de navidad (24 de diciembre). El término «adviento» viene de la palabra latina *adventus*, que significa venida o llegada. Adviento es la temporada cuando muchos cristianos se preparan para la celebración del nacimiento de Cristo el día de Navidad. Muchos cristianos cuelgan una guirnalda en sus hogares durante esta temporada. En esas guirnaldas hechas de ramas de acebo, de ciprés o pino, se colocan cuatro velas, una por cada domingo de adviento. Muchas veces tres de esas velas son color púrpura oscuro, y la cuarta es rosada o púrpura claro; esta vela no es encendida hasta el tercer domingo en que se celebra la segunda mitad del adviento. Frecuentemente se añade a la guirnalda una vela grande y roja en el día de Navidad simbolizando el nacimiento de Cristo. Los servicios de la iglesia con frecuencia incluyen a una familia diferente cada semana para representar la participación de toda la familia de la iglesia en los domingos de adviento.

> **Primer domingo de adviento:** En este primer domingo una familia enciende una vela y se une en oración. En los servicios de la iglesia con frecuencia se excluye la guirnalda y se colocan solo las velas. Se repite esta ceremonia cada domingo de adviento, encendiendo otra vela en cada servicio. Los textos tradicionales que se leen son: Mateo 24.37-44; Marcos 13.33-37; Lucas 21.25-28, 34-36.

Segundo domingo de adviento: Este segundo domingo de adviento involucra a una familia encendiendo la segunda vela y uniéndose en oración. Los textos tradicionales son: Mateo 3.1-12; Marcos 1.1-8; Lucas 3.1-6.

Tercer domingo de adviento: Como el segundo, el tercer domingo de adviento involucra a una familia que enciende la tercera vela y se une en oración. Los textos tradicionales son: Mateo 11.2-11; Juan 1.6-8, 19-20; Lucas 3.10-18.

Cuarto domingo de adviento: Este último domingo de adviento tiene un tono más peculiar. Anticipa más que ninguno la natividad de Cristo. La familia debe encender la luz y unirse en oración. Los textos tradicionales son: Mateo 1.18-24; Lucas 1.26-38; Lucas 1.39-45.

El día de Navidad: La Navidad celebra el nacimiento del Mesías, Jesucristo, en un pesebre de Belén. Este día se celebra el 25 de diciembre de cada año.

Cuidado pastoral

La visitación pastoral a los hospitales y hogares es una de las tareas más importantes del hombre de Dios, y especialmente del ministro. Con esto tendrá la oportunidad de proveer sanidad, ayudar, guiar y estimular con su presencia en esas necesidades. Si los visitados son creyentes, él les podrá recordar el cuidado de Dios, su presencia y su ayuda en tiempo de necesidad. Si todavía no son salvos, les podrá recordar con gentileza del amor de Dios y su deseo de perdonar y salvar. La gente realmente necesita del amor, la oración, la amistad, la comprensión, el consejo y la simpatía del pastor o ministro.

El doctor W. A. Criswell dijo: «Cada oportunidad es una invitación dorada de las cortes celestiales para ser un mensajero de estímulo y salvación. Los mismos ángeles envidian nuestro lugar de servicio».

Hoja de revisión de visitas a hospitales

Dr. Charles A. Thigpen

1. Recuerde que usted es el representante de Dios, el siervo del Señor.
2. Hable acerca del Señor; la visita debe ser de naturaleza espiritual.
3. Haga la visita de manera casual, que no sea rígida ni formal.
4. Dependa de Dios para guía, entendimiento y dirección.
5. Propóngase que su visita sea edificadora, expresando el gozo cristiano.
6. Determínese a brindar alegría, consolación, conforte, estímulo y esperanza al enfermo.
7. Muestre amor, preocupación y profundo interés personal, tanto por el paciente como por la familia o los amigos presentes.
8. Si el momento no es el apropiado, deje su tarjeta y regrese más tarde.
9. Concéntrese en subsanar las necesidades espirituales de los que no son salvos y edificar a los creyentes.
10. Asegúrese de que su visita al hospital sea breve, no más de cinco a diez minutos de duración.
11. Lea o cite porciones de la Escritura y siempre concluya con una oración.

Hoja de revisión de visitas a un hogar

Dr. Charles A. Thigpen

1. Recuerde que usted es el representante de Dios, el siervo del Señor.
2. Hable acerca del Señor; la visita debe ser de naturaleza espiritual.
3. Haga la visita de manera casual, que no sea rígida ni formal.
4. Dependa de Dios para guía, entendimiento y dirección.
5. Siempre llame previamente para determinar la hora conveniente para la visita.
6. Aprenda a escuchar las necesidades que le son expresadas.
7. Procure ganar a la gente para Cristo o edificarlos si son creyentes.
8. Mantenga en estricta confidencialidad las cosas que le digan a usted como pastor.
9. Haga los arreglos necesarios para ofrecer consejería.
10. Mantenga la visita no más de una hora; lo ideal son treinta o cuarenta y cinco minutos.
11. Sea accesible; trate de entender las necesidades y preocupaciones de la persona o personas.
12. Lea varios pasajes de la Biblia y termine con una oración.

Versículos tradicionales para compartir con los enfermos o moribundos

Dr. Charles A. Thigpen

Escrituras para decirles a los creyentes enfermos

Salmo 8.1-9: ¡Oh Jehová, Señor nuestro, cuán glorioso es tu nombre en toda la tierra! Has puesto tu gloria sobre los cielos; de la boca de los niños y de los que maman, fundaste la fortaleza, a causa de tus enemigos, para hacer callar al enemigo y al vengativo. Cuando veo tus cielos, obra de tus dedos, la luna y las estrellas que tú formaste, digo: ¿Qué es el hombre, para que tengas de él memoria, y el hijo del hombre, para que lo visites? Le has hecho poco menor que los ángeles, y lo coronaste de gloria y de honra. Le hiciste señorear sobre las obras de tus manos; todo lo pusiste debajo de sus pies: Ovejas y bueyes, todo ello, y asimismo las bestias del campo, las aves de los cielos y los peces del mar; todo cuanto pasa por los senderos del mar. ¡Oh Jehová, Señor nuestro, cuán grande es tu nombre en toda la tierra!

Salmo 23.1-6: Jehová es mi pastor; nada me faltará. En lugares de delicados pastos me hará descansar; junto a aguas de reposo me pastoreará. Confortará mi alma; me guiará por sendas de justicia por amor de su nombre. Aunque ande en valle de sombra de muerte, no temeré mal alguno, porque tú estarás conmigo; tu vara y tu cayado me infundirán aliento. Aderezas mesa delante de mí en presencia de mis angustiadores; unges mi cabeza con aceite; mi copa está rebosando. Ciertamente el bien y la misericordia me seguirán todos los días de mi vida, y en la casa de Jehová moraré por largos días.

Salmo 46.1-7: Dios es nuestro amparo y fortaleza, nuestro pronto auxilio en las tribulaciones. Por tanto, no temeremos, aunque la tierra sea removida, y se traspasen los montes al corazón del mar; aunque bramen y se turben sus aguas, y tiemblen los montes a causa de su braveza. Del río sus corrientes alegran la ciudad de Dios, el santuario de las moradas del Altísimo. Dios está en medio de ella; no será conmovida. Dios la ayudará al clarear la mañana. Bramaron las naciones, titubearon los reinos; dio él su voz, se derritió la tierra. Jehová de los ejércitos está con nosotros; nuestro refugio es el Dios de Jacob.

Salmo 96.1-4: Cantad a Jehová cántico nuevo; cantad a Jehová, toda la tierra. Cantad a Jehová, bendecid su nombre; anunciad de día en día su salvación. Proclamad entre las naciones su gloria, en todos los pueblos sus maravillas. Porque grande es Jehová, y digno de suprema alabanza; temible sobre todos los dioses.

Salmo 118.1-8: Alabad a Jehová, porque él es bueno; porque para siempre es su misericordia. Diga ahora Israel, que para siempre es su misericordia. Diga ahora la casa de Aarón, que para siempre es su misericordia. Digan ahora los que temen a Jehová, que para siempre es su misericordia. Desde la angustia invoqué a JAH, y me respondió JAH, poniéndome en lugar espacioso. Jehová está conmigo; no temeré lo que me pueda hacer el hombre. Jehová está conmigo entre los que me ayudan; por tanto, yo veré mi deseo en los que me aborrecen. Mejor es confiar en Jehová que confiar en el hombre.

Juan 14.1-6: No se turbe vuestro corazón; creéis en Dios, creed también en mí. En la casa de mi Padre muchas moradas hay; si así no fuera, yo os lo hubiera dicho; voy, pues, a preparar lugar para vosotros. Y si me fuere y os preparare lugar, vendré otra vez, y os tomaré a mí mismo, para que donde yo estoy, vosotros también estéis.Y sabéis a dónde voy, y sabéis el camino. Le dijo Tomás: Señor, no sabemos a dónde vas; ¿cómo, pues, podemos saber el camino? Jesús le dijo:Yo soy el camino, y la verdad, y la vida; nadie viene al Padre, sino por mí.

Juan 14.13-18: Y todo lo que pidiereis al Padre en mi nombre, lo haré, para que el Padre sea glorificado en el Hijo. Si algo pidiereis en mi nombre, yo lo haré. Si me amáis, guardad mis mandamientos.Y yo rogaré al Padre, y os dará otro Consolador, para que esté con vosotros para siempre: el Espíritu de verdad, al cual el mundo no puede recibir, porque no le ve, ni le conoce; pero vosotros le conocéis, porque mora con vosotros, y estará en vosotros. No os dejaré huérfanos; vendré a vosotros.

Juan 15.15-17: Ya no os llamaré siervos, porque el siervo no sabe lo que hace su señor; pero os he llamado amigos, porque todas las cosas que oí de mi Padre, os las he dado a conocer. No me elegisteis vosotros a mí, sino que yo os elegí a vosotros, y os he puesto para que vayáis y llevéis fruto, y vuestro fruto permanezca; para que todo lo que pidiereis al Padre en mi nombre, él os lo dé. Esto os mando: Que os améis unos a otros.

Romanos 5.1-8: Justificados, pues, por la fe, tenemos paz para con Dios por medio de nuestro Señor Jesucristo; por quien también tenemos entrada por la fe a esta gracia en la cual estamos firmes, y nos gloriamos en la esperanza de la gloria de Dios.Y no sólo esto, sino que también nos gloriamos en las tribulaciones, sabiendo que la tribulación produce paciencia; y la paciencia, prueba; y la prueba, esperanza; y la esperanza no avergüenza; porque el amor de Dios ha sido derramado en nuestros corazones por el Espíritu Santo que nos fue dado. Porque Cristo, cuando aún éramos débiles, a su tiempo murió por los impíos. Ciertamente, apenas morirá alguno por un justo; con todo, pudiera ser que alguno osara morir por el bueno. Mas Dios muestra su amor para con nosotros, en que siendo aún pecadores, Cristo murió por nosotros.

Romanos 8.26-27: Y de igual manera el Espíritu nos ayuda en nuestra debilidad; pues qué hemos de pedir como conviene, no lo sabemos, pero el Espíritu mismo intercede por nosotros con gemidos indecibles. Mas el que escudriña los corazones sabe cuál es la intención del Espíritu, porque conforme a la voluntad de Dios intercede por los santos.

Romanos 8.28-34: Y sabemos que a los que aman a Dios, todas las cosas les ayudan a bien, esto es, a los que conforme a su propósito son llamados. Porque a los que antes conoció, también los predestinó para que fuesen hechos conformes a la imagen de su Hijo, para que él sea el primogénito entre muchos hermanos. Y a los que predestinó, a éstos también llamó; y a los que llamó, a éstos también justificó; y a los que justificó, a éstos también glorificó. ¿Qué, pues, diremos a esto? Si Dios es por nosotros, ¿quién contra nosotros? El que no escatimó ni a su propio Hijo, sino que lo entregó por todos nosotros, ¿cómo no nos dará también con él todas las cosas? ¿Quién acusará a los escogidos de Dios? Dios es el que justifica. ¿Quién es el que condenará? Cristo es el que murió; más aun, el que también resucitó, el que además está a la diestra de Dios, el que también intercede por nosotros.

Romanos 8.35-39: ¿Quién nos separará del amor de Cristo? ¿Tribulación, o angustia, o persecución, o hambre, o desnudez, o peligro, o espada? Como está escrito: Por causa de ti somos muertos todo el tiempo; somos contados como ovejas de matadero. Antes, en todas estas cosas somos más que vencedores por medio de aquel que nos amó. Por lo cual estoy seguro de que ni la muerte, ni la vida, ni ángeles, ni principados, ni potestades, ni lo presente, ni lo por venir, ni lo alto, ni lo profundo, ni ninguna otra cosa creada nos podrá separar del amor de Dios, que es en Cristo Jesús Señor nuestro.

Hebreos 4.14-16: Por tanto, teniendo un gran sumo sacerdote que traspasó los cielos, Jesús el Hijo de Dios, retengamos nuestra profesión. Porque no tenemos un sumo sacerdote que no pueda compadecerse de nuestras debilidades, sino uno que fue tentado en todo según nuestra semejanza, pero sin pecado. Acerquémonos, pues, confiadamente al trono de la gracia, para alcanzar misericordia y hallar gracia para el oportuno socorro.

Santiago 1.2-6: Hermanos míos, tened por sumo gozo cuando os halléis en diversas pruebas, sabiendo que la prueba de vuestra fe produce paciencia. Mas tenga la paciencia su obra completa, para que seáis perfectos y cabales, sin que os falte cosa alguna. Y si alguno de vosotros tiene falta de sabiduría, pídala a Dios, el cual da a todos abundantemente y sin reproche, y le será dada. Pero pida con fe, no dudando nada; porque el que duda es semejante a la onda del mar, que es arrastrada por el viento y echada de una parte a otra.

Santiago 5.14-18: ¿Está alguno enfermo entre vosotros? Llame a los ancianos de la iglesia, y oren por él, ungiéndole con aceite en el nombre del Señor. Y la oración de fe salvará al enfermo, y el Señor lo levantará; y si hubiere cometido pecados, le serán perdonados. Confesaos vuestras ofensas unos a otros, y orad unos por otros, para que seáis sanados. La oración eficaz del justo puede mucho. Elías era hombre sujeto a pasiones semejantes a las nuestras, y oró fervientemente para que no lloviese, y no llovió sobre la tierra por tres años y seis meses. Y otra vez oró, y el cielo dio lluvia, y la tierra produjo su fruto.

1 Juan 5.1-5: Todo aquel que cree que Jesús es el Cristo, es nacido de Dios; y todo aquel que ama al que engendró, ama también al que ha sido engendrado por él. En esto conocemos que amamos a los hijos de Dios, cuando amamos a Dios, y guardamos sus mandamientos. Pues este es el amor a Dios, que guardemos sus mandamientos; y sus mandamientos no son gravosos. Porque todo lo que es nacido de Dios vence al mundo; y esta es la victoria que ha vencido al mundo, nuestra fe. ¿Quién es el que vence al mundo, sino el que cree que Jesús es el Hijo de Dios?

Escrituras para expresarles a los enfermos que no son creyentes

Salmo 32.1-5: Bienaventurado aquel cuya trasgresión ha sido perdonada, y cubierto su pecado. Bienaventurado el hombre a quien Jehová no culpa de iniquidad, y en cuyo espíritu no hay engaño. Mientras callé, se envejecieron mis huesos en mi gemir todo el día. Porque de día y de noche se agravó sobre mí tu mano; se volvió mi verdor en sequedades de verano. Mi pecado te declaré, y no encubrí mi iniquidad. Dije: Confesaré mis transgresiones a Jehová; y tú perdonaste la maldad de mi pecado.

Isaías 55.6-7: Buscad a Jehová mientras puede ser hallado, llamadle en tanto que está cercano. Deje el impío su camino, y el hombre inicuo sus pensamientos, y vuélvase a Jehová, el cual tendrá de él misericordia, y al Dios nuestro, el cual será amplio en perdonar.

Juan 3:16-18: Porque de tal manera amó Dios al mundo, que ha dado a su Hijo unigénito, para que todo aquel que en él cree, no se pierda, mas tenga vida eterna. Porque no envió Dios a su Hijo al mundo para condenar al mundo, sino para que el mundo sea salvo por él. El que en él cree, no es condenado; pero el que no cree, ya ha sido condenado, porque no ha creído en el nombre del unigénito Hijo de Dios.

Hechos 3.19: Así que, arrepentíos y convertíos, para que sean borrados vuestros pecados; para que vengan de la presencia del Señor tiempos de refrigerio.

Romanos 10.9-13: Que si confesares con tu boca que Jesús es el Señor, y creyeres en tu corazón que Dios le levantó de los muertos, serás salvo. Porque con el corazón se cree para justicia, pero con la boca se confiesa para salvación. Pues la Escritura dice: Todo aquel que en él creyere, no será avergonzado. Porque no hay diferencia entre judío y griego, pues el mismo que es Señor de todos, es rico para con todos los que le invocan; porque todo aquel que invocare el nombre del Señor, será salvo.

Efesios 2.8-10: Porque por gracia sois salvos por medio de la fe; y esto no de vosotros, pues es don de Dios; no por obras, para que nadie se gloríe. Porque somos hechura suya, creados en Cristo Jesús para buenas obras, las cuales Dios preparó de antemano para que anduviésemos en ellas.

Efesios 3.14-21: Por esta causa doblo mis rodillas ante el Padre de nuestro Señor Jesucristo, de quien toma nombre toda familia en los cielos y en la tierra, para que os dé, conforme a las riquezas de su gloria, el ser fortalecidos con poder en el hombre interior por su Espíritu; para que habite Cristo por la fe en vuestros corazones, a fin de que, arraigados y cimentados en amor, seáis plenamente capaces de comprender con todos los santos cuál sea la anchura, la longitud, la profundidad y la altura, y de conocer el amor de Cristo, que excede a todo conocimiento, para que seáis llenos de toda la plenitud de Dios. Y a Aquel que es poderoso para hacer todas las cosas mucho más abundantemente de lo que pedimos o entendemos, según el poder que actúa en nosotros, a él sea gloria en la iglesia en Cristo Jesús por todas las edades, por los siglos de los siglos. Amén.

I Juan 5.9-13: Si recibimos el testimonio de los hombres, mayor es el testimonio de Dios; porque este es el testimonio con que Dios ha testificado acerca de su Hijo. El que cree en el Hijo de Dios, tiene el testimonio en sí mismo; el que no cree a Dios, le ha hecho mentiroso, porque no ha creído en el testimonio que Dios ha dado acerca de su Hijo. Y este es el testimonio: que Dios nos ha dado vida eterna; y esta vida está en su Hijo. El que tiene al Hijo, tiene la vida; el que no tiene al Hijo de Dios no tiene la vida. Estas cosas os he escrito a vosotros que creéis en el nombre del Hijo de Dios, para que sepáis que tenéis vida eterna, y para que creáis en el nombre del Hijo de Dios.

Apocalipsis 3.20: He aquí, yo estoy a la puerta y llamo; si alguno oye mi voz y abre la puerta, entraré a él, y cenaré con él, y él conmigo.

Apocalipsis 22.17: Y el Espíritu y la Esposa dicen: Ven. Y el que oye, diga: Ven. Y el que tiene sed, venga; y el que quiera, tome del agua de la vida gratuitamente.

Escrituras para expresarles al moribundo o doliente

Salmo 23.1-6: Jehová es mi pastor; nada me faltará. En lugares de delicados pastos me hará descansar; junto a aguas de reposo me pastoreará. Confortará mi alma; me guiará por sendas de justicia por amor de su nombre. Aunque ande en valle de sombra de muerte, no temeré mal alguno, porque tú estarás conmigo; tu vara y tu cayado me infundirán aliento. Aderezas mesa delante de mí en presencia de mis angustiadores; unges mi cabeza con aceite; mi copa está rebosando. Ciertamente el bien y la misericordia me seguirán todos los días de mi vida, y en la casa de Jehová moraré por largos días.

Salmo 91.5-7: No temerás el terror nocturno, ni saeta que vuele de día, ni pestilencia que ande en oscuridad, ni mortandad que en medio del día destruya. Caerán a tu lado mil, y diez mil a tu diestra; mas a ti no llegará.

Salmo 116.15: Estimada es a los ojos de Jehová la muerte de sus santos.

Juan 14.1-6: No se turbe vuestro corazón; creéis en Dios, creed también en mí. En la casa de mi Padre muchas moradas hay; si así no fuera, yo os lo hubiera dicho; voy, pues, a preparar lugar para vosotros. Y si me fuere y os preparare lugar, vendré otra vez, y os tomaré a mí mismo, para que donde yo estoy, vosotros también estéis. Y sabéis a dónde voy, y sabéis el camino. Le dijo Tomás: Señor, no sabemos a dónde vas; ¿cómo, pues, podemos saber el camino? Jesús le dijo: Yo soy el camino, y la verdad, y la vida; nadie viene al Padre, sino por mí.

Juan 16.33: Estas cosas os he hablado para que en mí tengáis paz. En el mundo tendréis aflicción; pero confiad, yo he vencido al mundo.

2 Corintios 1.3-7: Bendito sea el Dios y Padre de nuestro Señor Jesucristo, Padre de misericordias y Dios de toda consolación, el cual nos consuela en todas nuestras tribulaciones, para que podamos también nosotros consolar a los que están en cualquier tribulación, por medio de la consolación con que nosotros somos consolados por Dios. Porque de la manera que abundan en nosotros las aflicciones de Cristo, así abunda también por el mismo Cristo nuestra consolación. Pero si somos atribulados, es para vuestra consolación y salvación; o si somos consolados, es para vuestra consolación y salvación, la cual se opera en el sufrir las mismas aflicciones que nosotros también padecemos. Y nuestra esperanza respecto de vosotros es firme, pues sabemos que así como sois compañeros en las aflicciones, también lo sois en la consolación.

2 Corintios 5.1-9: Porque sabemos que si nuestra morada terrestre, este tabernáculo, se deshiciere, tenemos de Dios un edificio, una casa no hecha de manos, eterna, en los cielos. Y por esto también gemimos, deseando ser revestidos de aquella nuestra habitación celestial; pues así seremos hallados vestidos, y no desnudos. Porque asimismo los que estamos en este tabernáculo gemimos con angustia; porque no quisiéramos ser desnudados, sino revestidos, para que lo mortal sea absorbido por la vida. Mas el que nos hizo para esto mismo es Dios, quien nos ha dado las arras del Espíritu. Así que vivimos confiados siempre, y sabiendo que entre tanto que estamos en el cuerpo, estamos ausentes del Señor (porque por fe andamos, no por vista); pero confiamos, y más quisiéramos estar ausentes del cuerpo, y presentes al Señor. Por tanto procuramos también, o ausentes o presentes, serle agradables.

Filipenses 1.23: Porque de ambas cosas estoy puesto en estrecho, teniendo deseo de partir y estar con Cristo, lo cual es muchísimo mejor.

Filipenses 3.20-21: Mas nuestra ciudadanía está en los cielos, de donde también esperamos al Salvador, al Señor Jesucristo; el cual transformará el cuerpo de la humillación nuestra, para que sea semejante al cuerpo de la gloria suya, por el poder con el cual puede también sujetar a sí mismo todas las cosas.

1 Pedro 4.12-13: Amados, no os sorprendáis del fuego de prueba que os ha sobrevenido, como si alguna cosa extraña os aconteciese, sino gozaos por cuanto sois participantes de los padecimientos de Cristo, para que también en la revelación de su gloria os gocéis con gran alegría.

Apocalipsis 7.13-17: Entonces uno de los ancianos habló, diciéndome: Estos que están vestidos de ropas blancas, ¿quiénes son, y de dónde han venido? Yo le dije: Señor, tú lo sabes. Y él me dijo: Estos son los que han salido de la gran tribulación, y han lavado sus ropas, y las han emblanquecido en la sangre del Cordero. Por esto están delante del trono de Dios, y le sirven día y noche en su templo; y el que está sentado sobre el trono extenderá su tabernáculo sobre ellos. Ya no tendrán hambre ni sed, y el sol no caerá más sobre ellos, ni calor alguno; porque el Cordero que está en medio del trono los pastoreará, y los guiará a fuentes de aguas de vida; y Dios enjugará toda lágrima de los ojos de ellos.

Apocalipsis 14.13: Oí una voz que desde el cielo me decía: Escribe: Bienaventurados de aquí en adelante los muertos que mueren en el Señor. Sí, dice el Espíritu, descansarán de sus trabajos, porque sus obras con ellos siguen.

El camino romano hacia la salvación

1. Romanos 3.23: «Por cuanto todos pecaron, y están destituidos de la gloria de Dios» *Porque todos estamos separado de Dios porque hemos pecado.* Son pocas las personas que disputan el ser pecadores. Todos nosotros tenemos debilidades y culpa personal. La gente se sirve a sí misma por naturaleza. Aun cuando la gente haga cosas buenas, todos somos participantes de las cosas malas.

2. Romanos 6.23: «Porque la paga del pecado es muerte, mas la dádiva de Dios es vida eterna en Cristo Jesús Señor nuestro». *La consecuencia del pecado es la muerte.* En una sola oración este texto explica uno de los más importantes conceptos de la Biblia. Dios es santo y perfecto, no hay nada malo en Él. Él no puede estar en presencia del pecado. Porque todos nosotros hemos pecado, estamos separados de Él. Esto es como una rama que ha sido cortada del árbol; ¡Ha sido cortada de su fuente de vida! Nosotros no podemos tener vida espiritual porque hemos sido removidos de Dios por causa del pecado. Así que, si todos hemos pecado, si Dios no puede estar en la presencia del pecado, ¿Cómo podemos ser salvos de la muerte espiritual eterna?

3. Romanos 5.8: «Mas Dios muestra su amor para con nosotros, en que siendo aún pecadores, Cristo murió por nosotros». *La pena por nuestro pecado fue pagada por Jesucristo.* Fíjese que este versículo no dice: «Dios no amó tanto que realmente estaba acongojado porque estábamos separado de él por nuestro pecado». ¡No! Dios *demostró* su amor. E hizo algo en la historia que lo demuestra; Cristo Jesús murió por nosotros. Este es el maravilloso mensaje del evangelio; Dios nos amó a pesar de nuestra condición pecadora, se hizo hombre, Jesucristo, el perfecto, el santo y Dios sin pecado en la forma de hombre. Él vino para morir en nuestro lugar, tomando sobre sí mismo la pena por nuestros pecados (muerte) para que nosotros podamos vivir de la forma en que Dios quiere que vivamos; en total dependencia de Él y en total obediencia a Él.

4. Romanos 10.9: «Que si confesares con tu boca que Jesús es el Señor, y creyeres en tu corazón que Dios le levantó de los muertos, serás salvo». *Si nos arrepentimos de nuestra maldad, y confesamos y confiamos en Jesucristo como nuestro Señor y Salvador, seremos salvados de la pena por nuestros pecados.* El evangelio nos ofrece una promesa, salvarnos del castigo del pecado; tenemos que creerlo. El evangelio nos ofrece una persona, Jesucristo, que pagó nuestra pena y merece ser el Señor de nuestras vidas; tenemos que recibirlo. Yo quisiera invitarte ahora mismo a que ores a Dios diciéndole que estás listo para confiar en Cristo para que te salve de la pena del pecado y confesarlo como el Señor de tu vida. Hay una oración que puedes hacer ahora mismo, pero deja que las palabras sean las tuyas; no repitas las palabras solo como si fueran una letanía religiosa, más bien háblalas al Dios personal que te ama lo suficiente como para haber muerto por ti. ***Señor, admito que he pecado y estoy sucio delante de ti, el Dios Santo. Entiendo que merezco la muerte como pena por mis pecados, y creo que Jesucristo pagó el precio con su sangre. Quiero alejarme de mi antiguo estilo de vida de egoísmo y pecado; me arrepiento. Confieso a Jesucristo como mi Salvador y le doy el control de mi vida como mi Señor. Oro en el nombre de Jesús, amén.***

Un plan alterno para testificar: El método de un versículo: Juan 3.16

Bill Jones

Lo que sigue es una explicación detallada, incluyendo diagramas, para usar Juan 3.16 para compartir el evangelio en el evangelismo personal.

Presentación del versículo

Transición: Juan 3.16 es el versículo más famoso de toda la Biblia. ¿Le puedo mostrar por qué?

Acción: Tome un pedazo de papel y escriba las palabras de Juan 3.16 en la parte superior de la página en este orden. (Para ayudarle a recordar este orden, fíjese que las dos frases del medio hacen una referencia a Jesucristo.) Numere esas frases en el siguiente orden: 1, 3, 4, 2.

Juan 3.16

1. Porque de tal manera amó Dios al mundo
3. Que ha dado a su Hijo Unigénito
4. Para que todo aquel que en él cree
2. No se pierda, mas tenga vida eterna.

Explicación: La razón por la que Juan 3.16 es tan famoso es porque sintetiza la Biblia en cuatro verdades espirituales. Si entiende estas cuatro verdades espirituales, comprenderá de lo que habla la Biblia entera.

El propósito de Dios

Transición: Veamos la primera verdad.

Acción: Ponga comillas alrededor de las palabras «Dios», «Amó», y «Mundo». Entonces, más o menos al medio de la página diagrame esta verdad escribiendo la palabra «Dios» a la derecha, la palabra «mundo» a la izquierda y la palabra «amó» en la parte inferior.

Juan 3.16

1. Porque de tal manera «amó» «Dios al mundo»
3. Que ha dado a su Hijo Unigénito
4. Para que todo aquel que en él cree
2. No se pierda, mas tenga vida eterna

MUNDO   A   DIOS
               M
               O
               R

Explicación: Dios creó al hombre para tener una relación personal con Él. Él quiere que esa relación sea de amor, una en la que Dios muestra su amor por la gente y esta pueda mostrar su amor por Él.

Transición: ¿Por qué cree que tanta gente no está experimentando esa amorosa relación personal?

Acción: Escriba la palabra «pecado» bajo la palabra «amó». Entonces dibuje dos cuadros, uno bajo la palabra «mundo» y otro bajo la palabra «Dios».

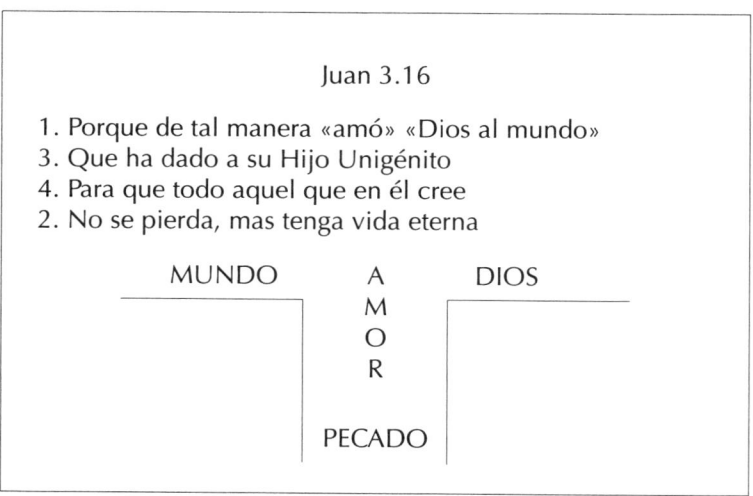

Explicación: Esto es por causa del pecado. Pecado es la desobediencia a Dios. Cuando alguien es ofendido, eso causa problemas en la relación. El pecado produce separación entre Dios y el hombre.

El problema del hombre

Transición: Veamos la segunda verdad espiritual. Esta dice «no se pierda, mas tenga vida eterna».

Acción: Ponga comillas alrededor de la palabra «pierda» y escríbala bajo el cuadro izquierdo, que tiene la palabra «mundo» encima. Entonces dibuje una flecha hacia abajo desde la palabra «pierda» y escriba la palabra «infierno».

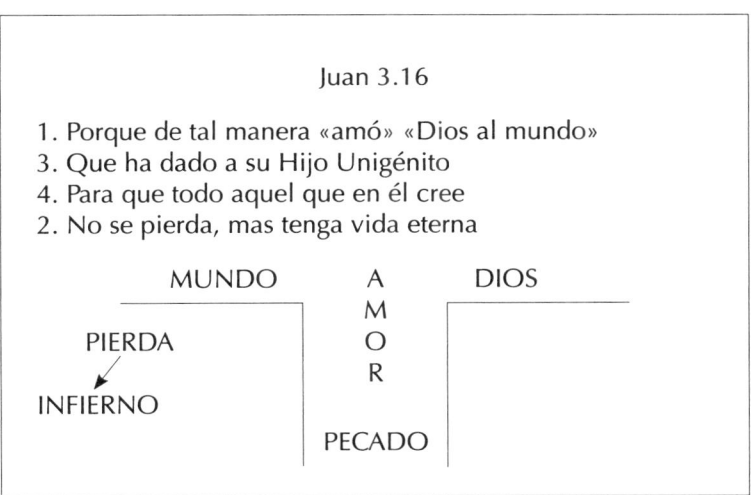

Explicación: Ya es lo suficientemente malo estar separado de Dios y su amor, pero esto empeora. La Biblia nos dice que si alguien muere físicamente mientras está separado de Dios, esa persona pasará la eternidad en un lugar llamado infierno.

Transición: Esa es la mala noticia, pero esta segunda verdad espiritual también nos da una buena noticia.

Acción: Ponga comillas alrededor de la palabra «vida eterna» y escríbala bajo el cuadro de la derecha. Dibuje una flecha hacia abajo y escriba la palabra «cielo».

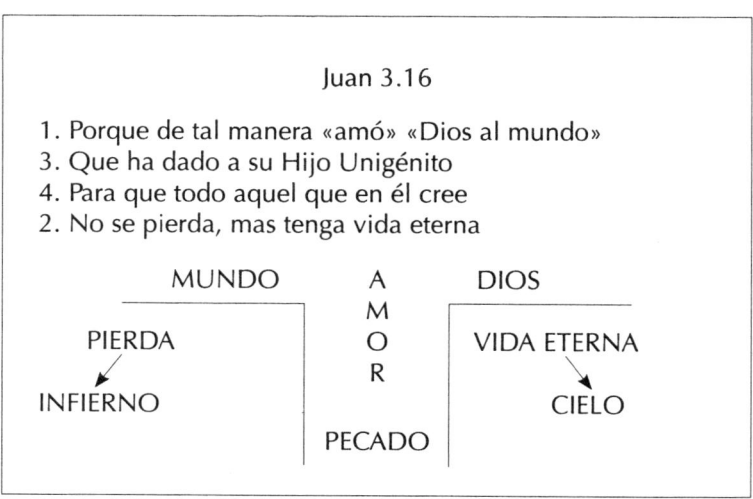

Explicación: La buena noticia es que Dios no quiere que el hombre pase la eternidad en el infierno. Su deseo es tener una relación personal con el hombre de modo que puedan vivir juntos por la eternidad en un lugar llamado cielo.

El remedio de Dios

Transición: Entonces la pregunta se convierte en: ¿Cómo puede uno lidiar con su problema del pecado? Eso nos lleva a la tercera verdad espiritual.

Acción: Ponga comillas alrededor de la palabra «Hijo» y escríbala en el diagrama para que comparta la palabra «amó». Entonces dibuje una cruz que encierre las palabras «Hijo» y «amó». y que sirva de puente entre los dos cuadros.

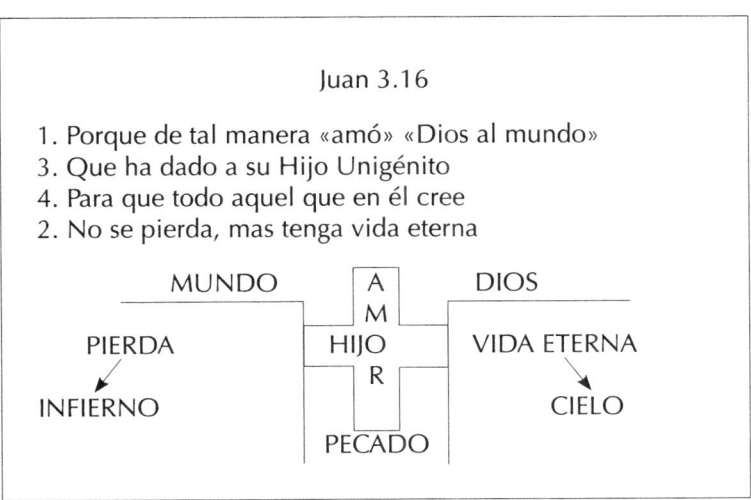

Explicación: Dios se encargó del problema enviando a su Hijo Jesucristo para vivir una vida perfecta, y luego morir en la cruz para que el pecado de la persona pueda ser perdonado. Lo asombroso del asunto es que después que Jesús fue muerto y sepultado resucitó de los muertos, probando que Dios tiene el poder para salvar a la gente de un destino de tormento.

La respuesta del hombre

Transición: Ahora la pregunta es, ¿Cómo puede la persona cruzar el puente que Dios ha provisto? La cuarta verdad espiritual nos da la respuesta.

Acción: Dibuje una flecha desde la palabra «mundo» hasta la palabra «Dios». Ponga comillas alrededor de las palabras «cree en él» y escríbalas por encima de la flecha.

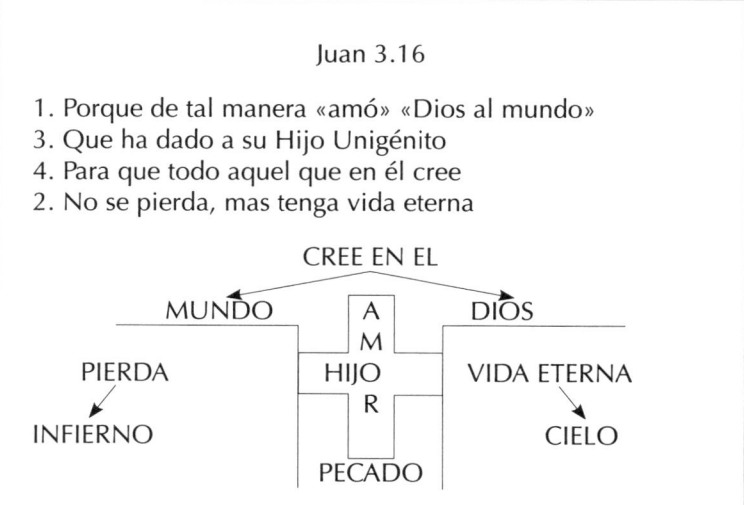

Explicación: No es suficiente saber: (1) que Dios le ama, (2) que sus pecados le separan de ese amor y que en última instancia le enviarán al infierno; y que la muerte de Cristo (3) en la cruz le libra de eso. Es solamente creyendo en Cristo como su Señor y Salvador que cruza sobre esa separación causada por su pecado y empiezan una relación personal con Dios. Esta palabra «cree» es más que solo creer en Abraham Lincoln. Esto significa comprometer todo lo que sabe sobre usted mismo con todo lo que sabe acerca de Cristo. Significa confiar en Cristo y solo en Él para poder arreglar todo con Dios.

Invitaciones

Transición: ¿Podemos personalizar esto por un momento?

Acción: Dibuje un círculo alrededor de la palabra «todo aquel», luego escriba la palabra «todo aquel» sobre la frase «que cree en él».

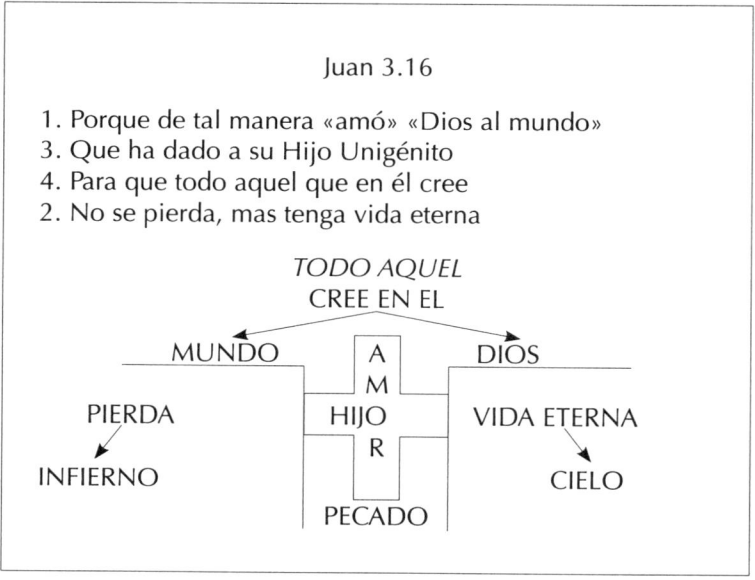

Explicación: La Biblia dice que todo aquel que cree en Él cruzará hasta Dios y recibirá la vida eterna. ¿Dónde se coloca en este diagrama?

Si se coloca en el lado derecho, pida que le digan cuándo y cómo cruzaron hasta ahí.

Si se coloca en el lado izquierdo o sobre la cruz, haga la próxima pregunta.

¿Puede ver algo que le impida poner su fe en Cristo y cruzar ahora mismo hasta el lado de Dios?

Si le dice «si», pregunte cuáles son sus preguntas y trate con ellas de acuerdo a la necesidad. Si no sabe la respuesta a la pregunta, dígale que va a procurar encontrarla.

Si le dice que «no», prepárese para guiarlo en oración expresando su deseo por Dios.

Oración de salvación

Transición: Si usted desea poner su fe en Cristo para arreglar su vida con Dios, es tan fácil como 1, 2, 3, 4.

Acción: Ponga el número 1 bajo el cuadro derecho, el número 2 en el cuadro izquierdo, el número 3 bajo la cruz y el número 4 junto a la frase «todo aquel».

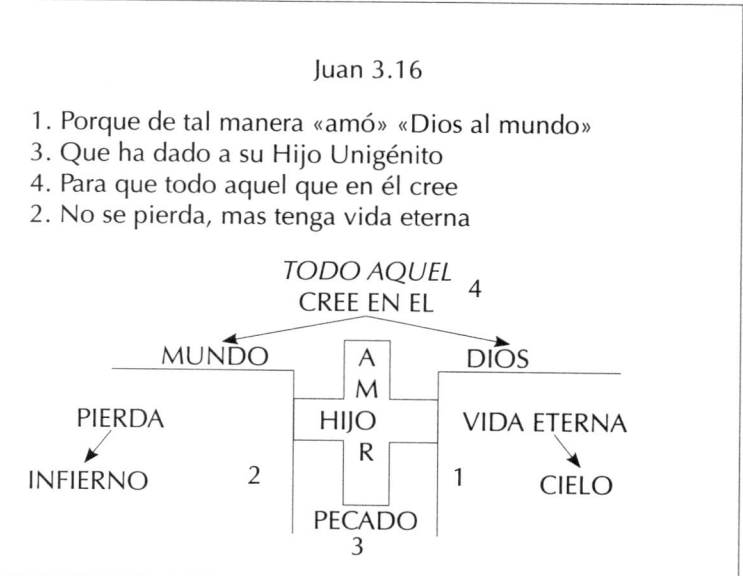

Explicación: Si quiere confiar en Cristo puede hacerlo ahora mismo. Dígale a Dios: (1) que está agradecido porque le ama, (2) que se apena por el pecado que le ha separado de Su amor, (3) que le agradece que entregó a su Hijo Unigénito para perdonar sus pecados, y que (4) cree que Cristo lo puede arreglar todo con él ahora mismo.

Yo voy a orar y usted repetirá conmigo. Recuerde, lo más importante es la actitud de su corazón, no las palabras de su boca. Usted puede orar las palabras correctas, pero si no está convencido verdaderamente en su corazón de que solo Cristo lo puede arreglar con Dios, entonces no podrá cruzar hasta Dios. Cerremos los ojos y oremos ahora mismo. (Ore a Dios las cuatro verdades espirituales.)

Invitaciones

Rev. Robert J. Morgan

Invitaciones a la salvación

Durante su ministerio terrenal Jesús siempre estaba invitando a las personas a que se convirtieran en sus seguidores. A los que estaban junto al mar de Galilea les dijo: «Síganme». E invitó a sus oyentes a que se acercaran a Él, que lo hicieran con fe, que se le acercaran por sanidad, por esperanza, por felicidad. Él dijo: «Venid a mí todos los que estáis trabajados y cargados, y yo os haré descansar» (Mateo 11.28). También afirmó: «Si alguno quiere venir en pos de mí, niéguese a sí mismo, y tome su cruz, y sígame» (Mateo 16.24).

Quizás usted sienta hoy que Cristo mismo le está hablando. Imagine que Él estuviera en este lugar, haciéndole esta invitación. ¿Qué haría? Él ciertamente está en este lugar. Ciertamente le está invitando a que se convierta en su hijo, su seguidor, su discípulo. Le voy a invitar a que salga de su asiento y que venga hasta aquí por uno de los pasillos. Alguien le va a recibir aquí para orar con usted. Venga ahora. Venga con deseo. Venga valientemente. No se preocupe por lo que otros piensen; este es su momento con Cristo. Él llama como individuo, le llama como pareja, le llama como familia. Él murió por usted y resucitó. Su sangre le lava de sus pecados y le puede dar una vida nueva si viene a el. Venga a Cristo ahora, mientras hay tiempo, mientras pueda.

¡Solo un paso hasta Jesús!
¿Por qué no viene y dice:
«Con gozo me rindo a ti
mi Salvador»?
(Fanny Crosby)

Invitación a la renovación de su compromiso

En Apocalipsis 2.4 Jesús advierte a los cristianos de una iglesia en particular que se había apartado del primer amor; ya no le amaban como antes. ¿Se podría esto aplicar a usted o a mí hoy? Un poco más tarde, en Apocalipsis 3.15, Él les advirtió a los creyentes de otra iglesia que se habían entibiado, ya no estaban ardientes ni apasionados con Él. ¿Se podría referir a nosotros? ¿Se ha disipado su amor por Cristo? ¿Se ha debilitado su devoción por Cristo? ¿Se ha opacado su pasión por Él? Con qué facilidad las tentaciones y demandas del mundo se aglomeran en nuestros corazones, distrayéndonos de la obediencia de corazón a Cristo. Hoy Cristo se encuentra ante la puerta de su corazón, llamando, escuchando y esperando ser restaurado como Señor y Maestro de su vida. Le voy a pedir que renueve su compromiso con Cristo. Arrepiéntase de sus pecados y colóquele nuevamente en el centro de su corazón. Él no da lugar a rivales. Proclámele solo a Él como Señor.

Invitación a la membresía de la iglesia

Un cristiano sin una iglesia es como un niño sin familia o un hombre sin un país. En este frío mundo de cinismo y crítica, necesitamos un lugar de amor, compañerismo, oración y felicidad. Necesitamos a la iglesia. Quizás hoy quiera oficialmente unirse a la iglesia. Nos encantará que sea parte de nuestra familia. Venga y únase a nosotros. Si conoce a Cristo como Señor y Salvador y quiere hacer de esta su «iglesia hogar», salga de donde se encuentra, pase al frente y gustosamente alguien le hablará y orará con usted al respecto.

Si su membresía está en otra iglesia, esta podría ser transferida a nosotros. Si nunca ha sido bautizado, con gusto le hablaremos del significado del bautismo. Si ha sido salvo y bautizado, pero nunca se ha unido a una iglesia, se puede hacer miembro simplemente declarando su fe en Cristo. «Ven con nosotros, y te haremos bien; porque Jehová ha prometido el bien a Israel» (Números 10.29).

◆

Invitación a expresarle las preocupaciones al pastor

Durante este servicio de adoración le invitamos a compartir con un ministro (uno de nuestros pastores, diáconos, trabajadores del altar o miembros del equipo pastoral) alguna preocupación que tenga. Hay poder cuando oramos por otra persona. Jesús dijo: «Otra vez os digo, que si dos de vosotros se pusieren de acuerdo en la tierra acerca de cualquiera cosa que pidieren, les será hecho por mi Padre que está en los cielos. Porque donde están dos o tres congregados en mi nombre, allí estoy yo en medio de ellos» (Mateo 18.19-20). Si tiene una necesidad especial en su vida, aquí hay alguien esperando para orar con usted al respecto. Si lo quiere presentar en términos generales, está bien. Si necesita dirección espiritual en su vida, si necesita ayuda, si necesita estímulo, o si necesita a Dios, por favor, venga. Venga ahora. Venga y arrodíllese. Venga y ore. Venga y juntémonos en su punto de necesidad en el nombre y los méritos de Cristo.

Invitación al altar de oración

Un viejo himno dice: «Debo decirle a Jesús todas mis pruebas; no puedo llevarlas solo». Hoy queremos invitarle a que se una a nosotros en el altar, aquí al frente de la iglesia, para orar. La Biblia nos dice que debemos poner en Él todas nuestras cargas, porque Él tendrá cuidado de nosotros. Si tiene una enfermedad del cuerpo, de la mente o del alma, le invito a que venga a recibir la oración. Mientras viene imagine que está tomando esa enfermedad, esa carga, ese dolor, ese problema y lo coloca aquí en el altar, a los pies del Todopoderoso. Hay algunos problemas que solo Dios puede resolver. Hay algunas heridas que solo Dios puede sanar. Esos asuntos tenemos que «soltarlos y dejar que Dios» los trate. Traiga su carga al Señor y déjela ahí. Si quiere, puede venir y orar privadamente. Si quiere que alguien ore por usted, aquí alguien le espera para hacerlo. Solo salga, venga, arrodíllese y entregue a Cristo su carga, y reciba la fortaleza. Deposite en el Señor sus cargas y Él le sustentará. «No dejará para siempre caído al justo (Salmo 55.22).

Invitación para dedicarse al servicio cristiano

Sabemos que Dios le da a cada cristiano un ministerio personal; Él tiene un propósito para cada uno de nosotros. Efesios 4.7 nos dice que Dios nos ha dado a cada uno de nosotros un don espiritual para ser usado en el trabajo de su reino. Pero Dios llama a unos para un servicio especial, algunos como evangelistas, otros como pastores, unos como misioneros y otros a roles diferentes. Y cuando Él nos llama, tenemos que ir. Tenemos que seguirle a donde nos dirija. Tenemos que hacer lo que nos manda. No hay llamamiento más grande que estar dedicados completamente al servicio del Señor durante nuestro efímero tiempo en esta tierra. Si usted siente que Dios le llama al servicio cristiano, ¿se rinde? ¿Vendrá? Hoy le invito a venir en una entrega completa, a que venga a este altar y diga: «Señor, heme aquí, envíame a mí».